你不能不懂
行為心理學

詩人作家愛默生曾說：

人只有在獨處時最誠實，
在他人面前，都是虛偽粉飾的。

確實如此，在這個強調包裝、行銷的年代，每個人的臉上經常戴著虛假的面具，做出矯飾的舉動，
有的人為了達到目的，甚至以亮麗的外表、動人的言詞矇騙別人的耳目。

瞬間看穿

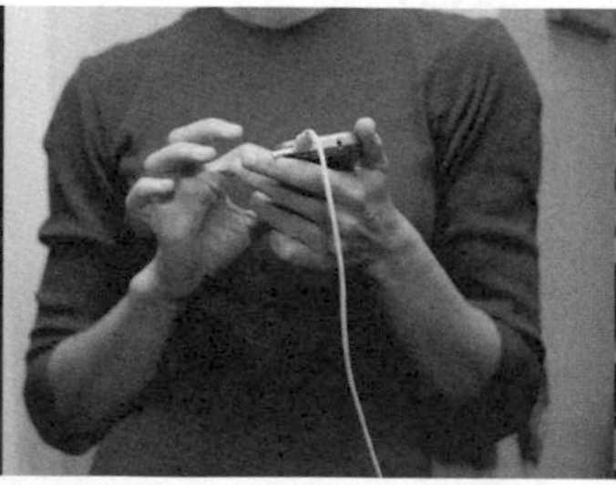

對方的心理

PRACTICAL PSYCHOLOGY

陶然——

想要一眼把人看到骨子裡，想要瞬間洞燭對方的心裡究竟想什麼，其實並不困難，
重點就在於是否掌握察言觀色的看人法則。只要懂得如何看人，就不會被表面的言行舉止迷惑，一眼看穿對方的底細。

●出版序●

把人看透的超強讀心術

陶然

想要瞬間讀懂人心，其實並不困難。即便是初次相見的陌生人，你都可以憑第一印象抓出對方的目的與可能隱藏的個性、心思。

一個人不管如何遮掩，內心深處最眞實的一面，一定會透過表情、情緒反應、肢體動作和特殊偏好顯現出來，想在這個爾虞我詐的社會行走，就必須具備讀人讀心的重要本領。透過細膩的觀察，我們就可以迅速研判出對方心裡正在想什麼，是不是口是心非或言不由衷；提高自己的觀察與判斷能力，在人際關係中就可以無往不利。

心理學家愛德華·赫斯博士曾說：「想要看透一個人，不要只會用耳朵去聽他說些什麼，而是必須用眼睛去看他做些什麼。」

這是因爲，一個人的眞正心思，往往會在做了言不由衷的事情之後暴露出來。想要瞬間看透一個人，就不能光看他表現出來的那面，也不能光聽他說出來的話，而要從細微之處看穿他極力掩飾的另一面，以及藏在心中沒說出來的眞正心思。

想要把人看透的秘訣並不困難，重點就在於你是否懂得口是心非的人性。想要知道對方是什麼樣的人，想瞬間讀懂對方的心思，就千萬不能只用耳朵判斷，必須用眼睛仔細觀察他的一舉一動。

人與人之間，免不了必須進行溝通、互動。

從家庭、學校、職場，甚且社會，一個人的「成長」，說穿了就是透過不斷與他人相處從而逐漸改變、成熟的過程。

不妨想想，一天二十四小時之內，可能會碰上哪些人呢？想來數目應該不少！其中必定有已經相互熟識的，但也有可能是完全陌生卻不得不打交道的。

無論面對哪一種，你有把握地與他們進行良好的互動，順利完成自己的期望與目的，而不使自身權益受損嗎？

回想一下過去的經歷，恐怕絕大多數人的答案都偏向於否定。想要瞬間讀懂人心，其實並不困難。即便是初次相見的陌生人，你都可以憑第一印象抓出對方當下的目的與可能隱藏的個性、心思，且屢試不爽。不用懷疑，事實上，這就是「讀心術」的巧妙之處。

阿諾德曾說：「透識一個人的最快速方法，就是將他全身剝光，讓他赤裸裸地站在眾人面前，然後再看他做出什麼反應。」

因爲，如果這個被「剝光」的人，是一個行事光明磊落的君子，沒有什麼不可告人之事，那麼他就不會在衆人面前驚慌失措，如果這個被「剝光」的人，是一個專門幹無恥勾當的小人，那麼當他赤裸裸地站在衆人面前，就會手足失措，深怕自己的馬腳會不小心曝露出來。

唯有冷靜觀察對方的肢體語言，對細微變化旁敲側擊，我們才能眞正掌握一個人的眞實內在。

人是最擅長僞裝的動物，現實生活中道貌岸然的小人很多，如果你不想老是受他們宰割，那麼就得放聰明一點，才不會老是受騙上當。

我們遭遇的人，可能比我們想像中正直，也可能比想像中陰險，交往之前必須先摸清對方的人格特質與心理需求。從一個人所傳達的肢體語言，我們可以迅速研判出對方是友好的或是狡詐、充滿敵意的；具有這種觀察能力，在人際關係中就可以無往不利。

人人都有個性，影響著他們的思想、喜好，進而決定他們表現在外的所有行爲，只要不刻意掩飾——其實，就算用盡心機，還是會有小小的「馬腳」露出來，瞞不過眞正懂得讀心的聰明人。

學會從小地方看人性，你必定可以得到很大的實質收穫，無論面對上司、同事、下屬、客戶、朋友、家人，都將立於不敗之地。爲什麼呢？原因很簡單，因爲你已經完全把他們的心思掌握在手裡。

PART 1 從語言看透一個人的內在

懂得透過語言、聲音等方面來透視別人的心理以及人品，能使你在官場應酬、生意談判以及結交朋友的過程中立於不敗之地。

PART 2 從言語習慣發現一個人的秘密

說話者所表現出來的言語習慣具有交流的功能，因此破解言語習慣的密碼，對於觀察和理解一個人具有很重要的意義。

PART 3

從言語動作瞭解人的內心世界

人在說謊話時，會引起面部和頸部組織的刺痛感，因而會透過揉或者抓來緩解。只要向他提出「請再說一遍，好嗎？」之類的問題就可以使他洩底。

PART 4

「扮相」比長相更重要

不同社會背景對服飾的要求有所不同，俗話說「人配衣服，馬配鞍」、「三分長相，七分打扮」，相當有理。

PART 5

從交際方式洞察事業命運

追求權力不得自然會痛苦，得到了權力之後害怕丟失，同樣使人痛苦。得到了高位，「高處不勝寒」，孤獨自不必多言。

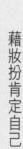

PART 1

從語言看透一個人的內在

懂得透過語言、
聲音等方面來透視別人的心理以及人品，
能使你在官場應酬、
生意談判以及結交朋友的過程中立於不敗之地。

從語言看透一個人的內在

懂得透過語言、聲音等方面來透視別人的心理以及人品，能使你在官場應酬、生意談判以及結交朋友的過程中立於不敗之地。

作家柯林斯曾經如此寫道：「成功者與失敗者最大的差別就在於，成功者比失敗者更懂得看人臉色。」

確實，所謂的成功人士之所以會成功，並不在於他們比失敗者能力強，而是在於他們比失敗者更懂得透過語言觀察別人，知道在什麼人面前該說什麼話，在什麼樣的時機，該做什麼事。

俗話說：「鸚鵡能言，不離禽獸。」

語言交際學家告訴我們，透過一個人的語言可以知道他的身分、經歷和個性。例如，聲如洪鐘的是張飛，文靜典雅的是孔明；潑婦總是聲嘶力竭，學者則是字斟句酌。言語是一個人的標記，聽人說話就可以知道一個人的底細。

古人說「情動於中而形於言」，也有句俗話說「言爲心聲」，這都意味著可以從言語來考察和瞭解一個人的心理和品行。

淺層次的瞭解包括透過一個人的說話聲、腳步聲、笑聲等知道他是誰。如果沒有經過專門的訓練，這種淺層次的瞭解只能用於親人之間的辨別。

高層次的瞭解則可以透過聲音去發現對方的心性品格、身高體重等。這是一個很複雜的判斷過程，不僅僅是經驗的總結，有很多時候還要靠靈感的發現。

然而語言是很容易僞裝的。如何辨別出眞話和謊言呢？最好的方法就是注意觀察說話者的動作、表情以及說話的聲音等。

古代有很多這樣的例子。

春秋時期，有一次執掌鄭國國政的子產到外邊巡視，經過一個地方，突然聽到山後面傳來了一陣女人哭聲。

子產仔細地聽了一會兒，就下令把那個痛哭的女人拘捕起來。經過查問，原來這個女人與人通姦，害死了自己的丈夫。

子產是憑什麼知道這一切的呢？其實很簡單，就是那婦女的哭聲。子產解釋說，人生有三大悲：少年喪父、中年喪偶、老年喪子。這個女人中年喪夫，實在是人生的一件悲傷之事，但是她在丈夫墳前哭泣的聲音卻沒有悲傷的意味，其中必然有詐。

由此可見，子產從聲音辨別人內心世界的能力確實高人一籌。懂得透過語言、聲音等方面來透視別人的心理以及人品，能使你在官場應酬、生意談判，以及結交朋友的過程中立於不敗之地。

瞬間看穿對方的心理

透過語言，可以知道一個人的內心和品格，觀察的規律很簡單，只要掌握兩個原則就可以。一是觀察他人「說什麼」，暴露出那個人的心理；二是觀察對方「怎樣說」，這可以顯示出他的人品。

說話太絕對，通常是為自己脫罪

把「絕對」掛在嘴邊的人，其實心裡很不安。當某些人不斷用「絕對」來進行保證的時候，多半表示他們在為自己脫罪。

在日常生活中，我們經常碰到一些人總是把「絕對」這個詞掛在嘴上，被人們戲稱爲「絕對先生」。心理學家研究證明，這種人往往比較主觀，常是以自我爲中心的唯我主義者，他們的很多想法不合乎實際情況，所以在一般情況下，這種人是難以成就大事的。

喜歡說「絕對」的人，大多有一種自愛的傾向，有時他們的「絕對」被人駁倒之後，爲了隱瞞自己內心的不安，總要找一些理由來加以解釋，總想讓自己的東西被別人接受。其實，不僅別人不相信他們的「絕對」，他們自己也不相信這樣的「絕對」，不過爲了維護自己的尊嚴，只好裝出相信的樣子。

把「絕對」掛在嘴邊的人大都是唯我主義者，別看他那自信滿滿的樣子，其實心裡是很忐忑不安的。

「絕對」這個詞語在字典中表示的是一種極端程度的意思，但在日常生活中，人們使用這個詞語的時候，表達的意義遠遠沒有字典中那樣極端。

那些經常說「絕對」一詞的人，不僅表示他們「自愛」，而且這個詞還可以被他們用來作爲自我防衛的藉口和被證明錯了時的擋箭牌。

當某些人不斷用「絕對」來進行保證，如「絕對不會再犯」，「絕對不會再這樣做了」等等言詞的時候，多半表示他們正試圖爲自己脫罪。

瞬間看穿對方的心理

滿口「絕對」的人，說出來的話可信度通常不高，聽到這樣的人說出來的話，態度必須有所保留，不可全信，才不會害到自己。

自吹自擂，好掩飾自卑

經常自我吹噓的人，企圖透過吹噓自己，好掩蓋自己的自卑和弱點。他們認為，說一些自吹自擂的話，就能夠突出自己。

察言觀色雖然有點勢利現實，但卻是身處在爾虞我詐的人性叢林中，必須具備的人際應變智慧，如果你不懂得見什麼人說什麼話，見什麼風轉什麼舵，那麼你就很難讓自己在人性戰場上全身而退。

每個人心目中，都是以自己爲中心，所以自己的位置一般都比他人高。因此，在適當的時候，適時地「表揚」自己幾句當然是無可厚非的，這也是培養自信的主要方法之一。

問題是，有的人對自己表揚得實在有些過分，一開口就是「我如何如何行」，這樣的人對別人一般常說「他算老幾」。

瞧不起別人的人多半都有自卑心理，他們不知道，平易近人才是美德，放下架子才容易與人交流和溝通，眞正有自信的人往往謙虛。

這種經常自我吹噓的人，其實內心容易感到自卑。這種人常常不斷地炫耀自己的一切，諸如自己的父母，自己的朋友等。更有甚者，自己所做的某些事情本來不値一提，卻經常拿來吹噓一番。

譬如，有的人本來文章寫得太一般了，可是他們卻可以吹得天花亂墜，號稱自己的文章稿酬要十塊錢一個字。

他們爲什麼要這樣自吹自擂呢？

他們是企圖透過吹噓自己，好掩蓋自己的自卑和弱點。他們認爲，說一些自吹自擂的話，就能夠突出自己。

這種人往往在內心裡對別人的優越之處一清二楚，只是沒有勇氣承認罷了，於是就用「貶」別人的辦法來抬高自己。

與這樣的人交往，如果要跟他們保持比較良好的關係，就應該經常對他們

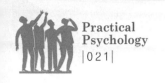

表示自己很重視他們，千萬不要輕視他們。因爲這些人很敏感，對他們來說，受人輕視是很難忍受的。

對於這種人你只要說上一二句表揚他們的話，他們就會感到比較高興，因爲這樣正好能夠安撫他們自卑的心理。

瞬間看穿對方的心理

如果自己有這種自卑的心理，可以採取不斷發現別人長處的方法來加以改正，端正自己的心態，平衡自己的心理，與人相處融洽。

畢竟，沒有誰是一無是處，也沒有誰喜歡被別人看不起。如果總把「他算老幾」掛在嘴邊，只會顯得自己淺薄，不能容人。

過度強調「我」，代表不夠成熟

經常把「我」字掛在嘴巴上的人，並非要把自己的觀點強加於人，只是性格比較天真的表現，企圖強化自己的存在。

有些人開口閉口總是離不開「我」、「我的」等字眼。

孩童時期，有這種習慣的人相當多，不足爲奇，這是一種「兒童型」語言的心理表現。可是，我們發現，一些成年人也常常這樣說話，原因何在呢？

心理學研究認爲，有些成人之所以形成這樣的說話習慣，原因可以追溯到他們的嬰幼兒時期。

哺乳時期，嬰幼兒與母親有一種身心合一的親密關係。然而，到了斷奶時，嬰幼兒與母親親密的感覺就受到了威脅。

爲了避免這樣的威脅，嬰幼兒學會了叫「媽媽」、「我」這些單詞，一定程度上緩解了孩子的不安全感。

在孩子的心目中，「媽媽」和「我」是密不可分的。沒有媽媽，他們很難生存下去，所以他們對媽媽有難以割捨的心理依戀，而他們聯繫媽媽的最好「工具」就是「我」。

孩子不斷地強調「我」，可以從母親那裡得到一種安全感，經過不斷強化，孩子就頻繁地使用「我」，好獲取更多安慰。

孩子慢慢長大以後，逐漸與社會同化了，由一家的孩子變成了社會的孩子，透過不斷說「我」來獲得安全感的要求就逐漸淡化了。

可是，有些人「人長，智不長」，到了成年依然保持孩子的心理，自然也就保留了兒童時代的說話習慣。

經常把「我」字掛在嘴巴上的人，他們並非要把自己的觀點強加於人，只是性格比較天眞的表現，企圖強化自己的存在。

瞬間看穿對方的心理

愛說「我」的人，倘若不是以自我為中心，或是有些自負，必然就是很天真。如果自己有這種習慣，應該鍛鍊自己的個性，使自己很快成熟起來。

女人總是愛唱反調

別人對女人提出忠告時，在內心深處，她們可能已經接受，可是嘴巴卻往往會不由自主地說「我偏不聽」。

很多人認爲，喜歡說「不」的女性往往女人味十足；更有人以爲，說「不」是女性溫柔的表現。

有的人常常用這一點取笑女性，殊不知，這正是她們聰明所在，女性往往會用這種方法征服男性。

如果這樣的招數沒有奏效，她們就會變換一種方式來征服男性，這種方法就是眼淚。這是女性又一個高招，千萬不要小看女性的眼淚，女性哀怨的眼淚常常可以戰勝不少男性。

研究說明，會說「不」的女性常常都是比較能幹的，她們有主見，能持家，可以獨立完成某些工作。

但是，由於經常說「不」，她們往往又會遇到一些麻煩。心理學家指出，女性心裡其實是願意的，但是嘴上卻常常說「不」。面對丈夫或戀人時，這樣的態度更爲明顯。例如，嘴巴上經常說：「懶得管他」，其實卻是非常想管他。

同樣的道理，別人對女人提出忠告時，在內心深處，她們可能已經接受，可是嘴巴卻往往會不由自主地說「我偏不聽」。

由於這些經驗，比較聰明的男性對女性表示關心時，嘴巴上通常不會多說什麼，常常還會從相反的方面去進行「引誘」。

這種巧妙的暗示，一般比明說還有效。

女性是很特別的，有時很溫柔，有時又比較「蠻橫」。女性沒有男性的蠻力，但是卻有一張很靈巧的嘴。

有人曾說，要征服女人的嘴巴比登天還難。很多人都有這樣的經驗，勸女

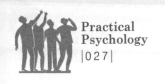

性不要這樣做的時候，得到的回答常常是「我偏要」；如果勸女性這樣去做，她們的回答往往是「我偏不」。

只要能掌握女人這樣的說話特點，便不難左右女人的決定。

瞬間看穿對方的心理

面對把「不」掛在嘴上的女性，男性不要和她們較勁，因為她們往往是有口無心。很多男性不明白這一點，偏偏要和這樣的女性爭一個高低，結果弄得雙方都不高興。

太過壓抑，無法保守秘密

「保守秘密」和「告訴適當的人」實際上是同類語，如果真的想保守秘密，就不會對別人講了。

英語裡面有一句諷刺女人的話：「女人認為把秘密告訴給她最信任的人，並叮囑她不要說出去，就算是保住了秘密。」

其實，這個說法並不公道。

不論是男人還是女人，總有這樣一些人，一旦他們知道一點點機密，便有一種壓制不住的衝動，時時刻刻想把所謂的機密告訴別人，但是又怕走漏消息，所以不斷地叮囑他人。這種人最容易洩漏機密，也是最不可信的。

從心理學的角度看，一個人知道了其他人不知道的機密，要想長期隱藏在自己的心中並不是一件容易的事情，一般人都會有一股企圖告訴他人的衝動。因爲如果一個人知道某個秘密，就會是一個沉重的心理負擔，把秘密告訴別人，就會感覺壓力減輕，有一種如釋重負的心理愉悅，而且人都有一種探奇和窺密心理，向別人洩漏秘密，有時可以博得對方的信任和歡心。

心理學家研究發現，越是秘密越想對人說。在日常生活中，可能經常有人對你說：「這可是個秘密，對誰也不要講」、「明白我的意思了吧？千萬不要對人說」。

爲什麼會有這種情況發生呢？

第一，如果自己知道了一些秘密，別人就會覺得你了不起。你自己也會感到知道很多小道消息和一些別人的隱私是一種值得炫耀的驕傲。

第二，秘密只藏在一個人心裡是會讓人感到苦悶的。

〈皇帝長了一對驢耳朵〉的童話故事相信不少人都聽過。

有一對驢耳朵的皇帝對理髮師說：「這是咱們兩人的秘密，不准對任何人講。」理髮師向皇帝發誓，一定要保守秘密。

但是當理髮師忍耐了相當長的時間後，覺得再忍下去實在是痛苦難當。可是，如果不遵守誓言，就有被殺頭的危險。理髮師愛惜自己的生命，可是又有一股「一吐爲快」的欲望在動搖他的內心。

爲了擺脫這種痛苦，理髮師在地上挖了一個洞，然後每隔幾天就對著地洞大聲喊好幾遍：「皇帝長了一對驢耳朵。」

一般人都有這種毛病，你越是想讓他保守秘密，他就越想說出去。

要知道，「保守秘密」和「告訴適當的人」實際上是同類語，如果眞的想保守秘密，就不會對別人講了。

瞬間看穿對方的心理

總是說「我只告訴你」的人，往往容易感覺苦悶，他們需要宣洩，因此愛發牢騷。他們期望別人為自己守口如瓶，卻往往什麼秘密也守不住，這無疑是不成熟的行為。

別讓小秘密成為心理壓力

哪怕是一點小小的煩惱也不要放在心裡。如果不把它發洩出去，就會越積越多，到時就一發不可收拾了。

如果感到壓抑就會心情緊張，心裡的不滿、煩惱越是排泄不出去，精神壓力就越大。在醫學上，對精神病的治療採取了感情淨化法。所謂「淨化」就是讓患者把所有的煩惱與不安全部傾吐出來，從而獲得一種寧靜的感情，這種方法對保持一般人的精神健康也有顯著的作用。

生活在現實社會中，我們每天都會遇上一些無聊的、不愉快的事情，造成很大的精神壓力。要是這種壓力過多，人就無法保持心理平衡，勢必會影響身心健康，最終甚至導致精神疾病。

保持心理健康的一個重要手段就是發牢騷。找一個自己信得過的人，把心中的不平、不滿、不快、煩惱和憤恨統統向他傾吐出來。

我們時常能看到有些人下班回家途中到酒館去，一邊喝酒一邊發牢騷，這就是一種自我的發洩方法。雖然看上去有損自我形象，但從心理健康的角度分析，這是個很有成效的方法。

人可以透過發牢騷來消除心中的不平與不滿，發牢騷能消除精神疲勞，使人輕鬆愉快地回到家中，第二天再精神飽滿地去工作。

聽別人發牢騷當然不是件愉快的事，所以，平時你就應當儘量和別人產生一種默契，這樣當你發牢騷的時候，對方就能夠耐心地聽你發洩了。

如果找不到發洩對象，最好是採取睡前寫日記的方法。比如：課長不把我放在眼裡，真是氣死人了，將來有機會，我一定要好好報復他一頓。

這樣寫了以後，自己的心情就會好受多了。要是連寫日記都嫌麻煩，你乾脆就獨自對著牆壁想說什麼就說什麼，發洩個夠。

請記住，哪怕是一點小小的煩惱也不要放在心裡。如果不把它發洩出去，

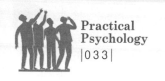

就會越積越多，到時就一發不可收拾了。

可是，如果知道了秘密就隨便與人說，明知對方是很不可靠的人，還對他說：「這件事我只告訴你。」這不是很可笑的舉動嗎？

無論是出於哪一種原因，輕易洩漏秘密都是心理幼稚的表現。

瞬間看穿對方的心理

與好說他人秘密的人相處，要有極大的耐心去聽他說心裡話，花些精力對他進行開解。最重要的是，如果他常說「我只告訴你」之類的話，那麼他一定也把同樣的話告訴了別人，你若有私密的事千萬別對他說。

從聲音發現人的內心

從一句話不僅可以聽出許多弦外之音，還能表現出一個人的個性和內心想法，甚至可以讓人看出說話者人品的好壞。

有一句俗話說得好：「聽話聽聲，鑼鼓聽音。」如果你的觀察力夠，那麼從聲音便可以知道一個人的底細。

人的聲音各不相同，一個人就是一種聲音，有的宏亮，有的沙啞；有的尖細，有的粗重；有的如金玉，有的像悶鼓；有的人身材矮小，說起話來卻聲如洪鐘，有的人身材高大，說起話來反而細聲細氣。概括起來說，聲音的音量有大小之分，音色有美醜之分，還有音高、音長之分。

古人說：「心動爲性，性成爲聲。」可見在古人的觀念中，「聲」與「音」

是兩個不同的概念，但是一般人分不清楚這兩者的關係。這句話的意思是：一個人內心開始啓動意念就會產生神氣，神氣出現在外就會發出聲音。

心理學家研究發現，在言語交流過程中，音調的高低升降、抑揚頓挫，無一不包含著很重要的資訊。

每一個人說話的時候，內心感受、個性特點、身體狀況等都會完全暴露出來。從一句話的聲調中不僅可以聽出許多弦外之音，從聲音的變化還能表現出一個人的個性和內心想法，甚至可以讓人看出說話者人品的好壞。

瞬間看穿對方的心理

如果想多瞭解一個初認識的人，最好的方法就是與他多說話，再從中仔細觀察、細細體會、用心分析他的說話特色，不難發現一些弦外之音，這些都是無法刻意掩飾或隱藏的。

聲音高亢，容易心生對抗

如果人的聲音高亢，說明這個人不會輕易向人低頭，總是滔滔不絕地發表自己的意見，不說服別人，不會甘心收手。

聲音的高低與人心理的緊張度有很大的關係。

聲音尖銳，一般情況下是感情無法抑制的表現，說明說話人差不多要達到憤怒的地步了。當你聽到對手發出這種聲音的時候，應該小心爲上，千萬不要逞強，刻意去碰這樣的釘子，與這種狀態的人發生爭論是沒有任何好處的。俗話說「天子尙避醉漢」，這種人就是醉漢，何必自找麻煩？

如果一個人經常發出這樣的聲音，說明這個人的情緒很不穩定，往往喜怒形於色，對人的好惡表現得很明顯，常常會因爲一點點小事勃然大怒、痛哭流涕，無法壓仰自己的情緒。但是，這種人對於自己認定了的事情卻非常執著，往往會一往無前，不達目的絕不會善罷干休。

如果人的聲音高亢，表明這個人有神經質，對人和環境的反應非常敏感。這種人往往會因爲換一張床，或換一間房就會難以入睡。

不過，這種人具有豐富的想像力，比較有創意，對美的追求很執著，不會因爲受到阻力而後退。他們不會輕易向人低頭，總是滔滔不絕地發表自己的意見，不說服別人，不會甘心收手。

面對這樣的人，沒有必要反駁他，如果試圖說之以理，只會換來無盡的疲勞轟炸。當他滔滔不絕的時候，將一切話都當耳邊風就是了。

瞬間看穿對方的心理

發出高亢而尖銳聲音的人個性比較狂熱，碰上事情容易興奮，不容易疲倦，很能發揮自己的個性，成功的機率比較大，常常少年得志。

說話沉穩，處事也沉穩

講話比較沉穩緩慢的人，品性大都很踏實，一開始可能很難與這樣的人相處，但是到了後來，他們卻是最忠實和可靠的。

一般來說，可以從一個人說話的音調看出他的個性。

如果一個人說話時聲音像耳語一般，這樣的人大多性格內向。爲了讓自己的話不傷害他人，他們說話總是字斟句酌，考慮好了才說出口，特別是在公共場所發言，由於害怕他人反對自己的意見，更是不肯輕易說話，害怕有半點差錯。

內向型的人經常自我封閉，有意無意地與別人保持一定的距離，不讓他人瞭解自己的內心秘密。正因爲如此，他們說起話來自然就不會暢所欲言了。

喜歡竊竊私語的人對別人有著特別強的戒心，認為把多餘的事情告訴對方完全是沒有必要的。正是由於這個原因，他們越來越變得沉默寡言，甚至連話也不想說，只想把自己緊緊地包裹起來。

這種情況不僅發生在一對一的單獨交流當中，在大庭廣眾之中也是這樣。他們自己有了想法，但是從不主動說出來，因此常常欲言又止，說起話來吞吞吐吐。只有在非常熟悉的人面前，他們才會解除戒心，放開嗓門說話，毫無掩飾地大笑。這時候，他們的本來面貌才完全表露出來。

這樣的人並不是一無是處，雖然他們對外人十分警惕，但是對自己的親戚朋友向來是很溫和的。因此，與這樣的人交往，只要以心交心，就可以得到他們的信任。

喜歡竊竊私語的人一般都是小心翼翼、神經質，或者是懷有某種秘密，因此口封密實，絕不流露真心。

講話比較沉穩緩慢的人，聲音一般溫和而沉穩，這樣的人往往有一種長者的風度，說話時會把聲音的頻率放得比較低，給人一種正在對人諄諄教誨的感覺。如果對方充分地理解了他們說話的意圖，說話的語調也會變得更加舒緩而低沉。

這種人的品性大都很踏實，一開始可能很難與這樣的人相處，但是到了後來，他們卻是最忠實和可靠的。

他們考慮問題常常很深，具有很強的耐力。這種人雖然不喜歡講話，但是所說的話會給人誠實的感覺，可能正是因爲木訥，反而具有很強的說服力。

這種人做事總是按部就班，目標一旦確定，就會朝著自己的目標不斷地努力。他們辦事總是慢條斯理，一點兒也不會著急。

瞬間看穿對方的心理

具有溫和而沉穩的聲音的人，給人的印象往往比較老實。這種人有固執的一面，常常固執己見，從不輕易向他人妥協。他們不會去討好別人，也很少受他人意見的影響。

聲音洪亮，為人自信樂觀

嗓門大的人有時候會強人所難，但是，由於他們敢於直抒己見，能夠把自己的意見直接表達出來，所以這種人是很正直的。

聲音的大小與一個人的個性關係十分密切。喜歡用大嗓門講話的人，個性一般都比較外向，他們的目的似乎是爲了對方聽清楚自己的話，所以說起話來聲調明快自然，很快就會與人搞好關係。

這種人的重要特徵是重視人際關係，善於與人交往。當他們的想法被他人接受，雙方達到情投意合的時候，的聲音會越來越洪亮，在聲調中間充滿著無限的自信。那些下結論很快的人，往往就是這些外向型的人。在通常情況下，他們會支配他人，甚至強迫他人接受他的意見。

在工作當中，說話聲音大的人個性比較樂觀，爲人很直率，是可以信任的人。但是，這樣的人說話快人快語，很容易得罪人，也缺乏必要的冷靜，往往會被人利用。如果不改變這樣的爲人處事方式，很難成就大事。

說話聲音大的人往往缺乏說話的情調，他們理直氣壯的時候，眞理不一定掌握在他們手裡。女性總希望男性說話的時候聲音溫柔一些，嗓門大的男性卻常常忽略了這一點，不自覺地用大嗓門證明自己的男子漢氣質，以爲這樣不會羞澀，不會扭捏，有豪情，有氣勢。

嗓門大的人，不讓別人插嘴，不容別人反駁，儼然一副發號施令的神情。有的女性比較喜歡這樣的男性，認爲這樣的男性有大丈夫的氣度，但是更多的女性不喜歡這樣的男性，所以這樣的男性桃花運並不好。

良好的談話方式不僅要會說話，還要會聽話。不僅要用耳朵聽，還要用眼睛、嘴巴等面部五官去聽，更要用心去聽。

會說話的人不僅僅是要調整好合適的聲音，而且還要用表情、姿勢、動作等幫助自己說話，嗓門大的男性主要缺乏的就是這些。

嗓門大的人有一個不足之處，就是有時候會強人所難，甚至成爲本位主義者。但是，由於他們敢於直抒己見，能夠把自己的意見直接表達出來，所以這種人是很正直的，值得信任的。

瞬間看穿對方的心理

聲音的大小雖然是一種天性，但是這種天性是可以改變的。只要認真加以訓練，這種人的聲音可以更加完美。

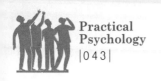

從聲音特徵發現處事風格

說話的聲音具有沙啞特徵的人，會憑藉自己的力量去發展自己的勢力，這種人不怕失敗，失敗往往會更加激發他們的鬥志。

說話聲音嬌嫩的人，心氣往往比較浮躁，也可能具有雙重人格。這種人常常女性居多，這樣做往往是爲了期待更多的關懷和愛護。

如果女性具有這種聲音特徵，說話時聲音中帶著一股嬌嫩的感情，她可能很想得到大家的喜歡和寵愛，不過有時會因企圖博取更多人的喜歡反而遭人討厭。

具有這種聲音特徵的男性多半是獨生子，在百般呵護之下長大，所以變得嬌聲嬌氣。這類男性獨處的時候，時常會感到非常寂寞，遇到需要自己做判斷的事情時，更會顯得不知所措。面對自己喜歡的女性，他們往往會變得非常含蓄，從來不會首先發動攻勢，因此常常坐失良機。與女性單獨交談時，他們也顯得十分緊張，常常是手腳無措。

與聲音嬌嫩相反的是聲音沙啞的人。

說話的聲音具有沙啞特徵的人，會憑藉自己的力量去發展自己的勢力，這種人不怕失敗，失敗往往會更加激發他們的鬥志。

這種男人的不足之處是往往自以爲是，對有些他們認爲不重要的事情常常掉以輕心。與這種人往來時，要注意不要勉強他們接受自己的觀點。

如果男性具有這種聲音特徵，那麼一般來說，他們多半具有很強的耐力和極強的行動力。一般人不敢做的事情，他們都會打起精神、鼓足幹勁往前衝，不達目的絕不輕言放棄。

如果女性具有這種聲音特徵，那麼她們往往比較有個性，表面上或許溫柔，實際上個性卻比較剛烈。表面上，她們對任何人都顯得彬彬有禮，然而她們卻難以表現出自己的眞心。

她們與同性之間意見往往不一致，甚至有時會受到對方的排擠，但是，卻很容易獲得男性的歡迎。這種人對服飾的感覺極好，在音樂、繪畫……等藝術方面往往有比較高的天賦。

瞬間看穿對方的心理

對於男性，擁有勇往直前的品性固然難能可貴，但是古有明訓：「三思而後行」，也必有道理。對於女性，溝通往往是良好人際關係的前提，取得這個前提的條件就是要與人真誠相待，以心換心。

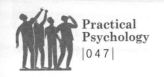

說話渾厚，易交朋友

聲音渾厚的人富有正義感，交際範圍廣泛，能與各種各樣的人來往，不願老老實實地守在家裡，往往是事業上的成功者。

一般來說，聲帶厚的人聲音比較渾厚，聲帶比較薄的人聲音比較單薄。另外聲音的渾厚與單薄跟腹腔發音和口腔發音關係也十分密切。用腹腔發音的人聲音比較渾厚，中氣很足；而用口腔發音的人聲音比較單薄，中氣顯得不足。

無論男性還是女性，具有這種深厚的發音特徵的人，一般都具有樂善好施的品性和領導的才能。

具有這種聲音特徵的男性往往前程很好，可能成爲政治家或實業家。這種人富有正義感，具有領導才能，交際範圍比較廣泛，能與各種各樣的人來往，有很多朋友，喜歡四處活動，不願老老實實地守在家裡。可能正是因爲這個原因，他們往往是事業上的成功者。不過，這種人的感情通常比較脆弱，常常會因爲一時爭吵或一時的舉動，而使自己後悔不已。

由於他們的個性比較開朗，隨著年齡的增長，身體可能發胖，因此應該注意飲食，不要暴食暴飲。

具有這種聲音特徵的女性，與女性相處得比較好，有很好的人緣，容易獲得大家的信任，有什麼事情，大家都喜歡跟她談論。不過，她們比較心軟，往往花錢買一些高價的商品，推銷員遇到這種人是不會輕易放過的。

瞬間看穿對方的心理

聲音渾厚的人交遊廣闊、性格開朗、感情豐富，具有這種個性的人應該注意鍛鍊自己的理性特質，不要心太軟，否則很容易吃虧。

說話語調快，反應會更快

說話速度很快，用詞也很豐富的人，喜歡接受新鮮事物，常常會首先把新的詞語或新的方式運用在自己的言行裡。

講話語調變化快的人不僅反應很快，而且善變，是典型的變色龍。就像四川的「變臉」藝人一樣，刹那間就可以改變臉孔。

面對上司的時候，他們低聲下氣，一副十分順從的樣子，唯上司的話是聽，而且他們一般很會忍耐，常常刻意壓制自己的內心感受。

面對地位不如他們的人時，馬上就會改變面孔，變得趾高氣揚、不可一世的樣子。他們在上司面前的壓抑，往往會轉嫁到下屬的身上。

這種人的行爲常常會帶到公共場所或家裡去。他們在商店裡買東西，知道

「顧客就是上帝」，所以對營業員常常耍威風。

這種人有明顯的自卑感，也具有明顯的攻擊性，只是表現的場合不同而已。譬如，在與女秘書談話時，他們的語調常常是很溫柔的，這並不等於他們不是變色龍，而是他們對此精心準備，有意而為之。這種變色龍的本質，常常會在無意之中表現出來。

這樣的人評價別人的標準往往是地位、職業、學歷等，而不是能力和品格。這種人常常在不必要的場所到處散發名片，以便充分顯示「處長」、「博士」、「教授」等身分帶給他們的無形資產。

其實，這樣的做法是粗俗而令人討厭的，因為一個人的能力、地位、學歷等，根本沒有必要用這種方式表現出來，眞正有修養的人還應該表現出謙虛的態度，給人親切的印象。

說話速度很快，用詞也很豐富的人對人對事都比較熱情，知識比較豐富，對人情世故具有很強的洞察能力。

這種人的反應能力很強，喜歡接受新鮮事物，常常會首先把新的詞語或新的方式運用在自己的言行裡。

讓這種人做他們力所能及的工作，做出來的成果多半令人滿意。

與這種人打交道，應該注意充分尊重他們的人格，不要隨便指點他們，否則一旦他們認爲你沒有資格與他說這樣的話，常常就會對你進行攻擊。

瞬間看穿對方的心理

自己如果講話的語調變化很快，應該時時提醒自己注意對人、對事一視同仁，不要一會兒充英雄，一會兒當奴隸。這種處世態度很容易讓人瞧不起。

PART 2

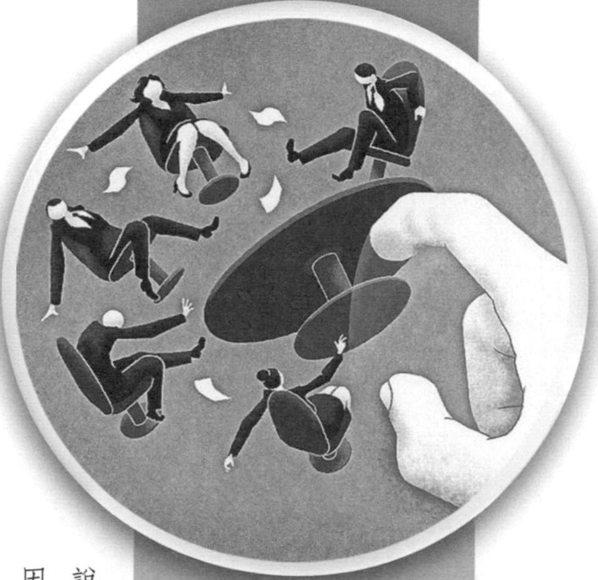

從言語習慣發現一個人的秘密

說話者所表現出來的言語習慣具有交流的功能，
因此破解言語習慣的密碼，
對於觀察和理解一個人具有很重要的意義。

從言語習慣發現一個人的秘密

說話者所表現出來的言語習慣具有交流的功能，因此破解言語習慣的密碼，對於觀察和理解一個人具有很重要的意義。

澳大利亞語言專家皮斯在一本叫《爲何男人不會聽，女人不會看地圖》的書裡指出，在人類的進化過程中，男人和女人形成了不同的語調和交流方式。皮斯研究發現，女性說話時平均使用五種不同的語調，女性的語調常常用來開始一個新話題或轉變話題。

但是男性說話只用三種語調，而且往往只能辨別女性五種語調的其中三種。也就是說，當一個女人使用五種語調談及不同的新東西時，很多男人卻認爲她老在重複一個話題。這就解釋了一個男人和一個女人交談時，男人總是面帶疑惑的原因。

爲什麼會出現這種現象呢？

皮斯認爲，幾十萬年的進化過程是造成男女交流風格不同的原因。女人的大腦具有在言語、聲音及非言語層次上進行有效交流的功能，跟她們百萬年來生養孩子及所謂「護家者」的角色關係密切。一天之內，女性能夠透過語言、語調的變化和手勢、面部表情等，發出多達二萬四千個交流信號。相比之下男性就要遜色許多，每天最多只能發出七千到一萬個信號。

由此可見，除了語言本身以外，說話者所表現出來的言語習慣也具有交流的功能，言語的習慣就是一個人的個性。因此破解言語習慣的密碼，對於觀察和理解一個人具有很重要的意義。

瞬間看穿對方的心理

有的人喜歡強詞奪理，有的人喜歡囉哩囉嗦，有的人口無遮掩，有的人快人快語。從這一系列的語言習慣之中，可以很輕鬆地發現很多秘密。

強詞奪理的人顯得陰沉

把焦點放在發現別人的弱點，伺機進攻，很容易會犯了狹觀的毛病，捨本逐末，陷入偏執的死胡同而不能自拔。

在現實生活中，我們經常會碰到這樣的人：別人說東，他偏說西；別人說西，他就要說東，無論如何就是要跟別人唱反調。

這種人喜歡強詞奪理，即使明知道自己錯了，也從來不會承認錯誤，而是執意重複自己的觀點，並爲此找來各種各樣的藉口。和別人辯論時，他們總是一定要得到勝利才會善罷干休。

像這樣喜歡強詞奪理的人，個性多半都比較陰沉，覺得眞理是掌握在少數人手裡的，而他們自己就是那些少數人。

他們始終認爲自己的觀點和做法絕對正確，只是別人的水準太低，無法理解而已。因此，爲了要使自己的觀點得到認同，就一定得反對別人，即使自己的立場和觀點別人難以理解和接受，也要盡力辯駁。

喜歡強詞奪理的人，特徵是時時刻刻都企圖說服他人接受自己的觀點，誰不接受自己的觀點就反對誰。雖然一般人在自己的觀點被別人反對的時候，同樣也會感到不高興，但是，大部分人可以透過自我反省發現自己的不足。

人貴有自知之明，喜歡強詞奪理的人卻缺少這種「自知之明」。因此這類人往往樹敵過多，人生的道路上也會遇到很多障礙。

在日常生活當中，要是遇上了這種強詞奪理的人，一定要小心應對，因爲他們心中常常有一股鬱悶之氣不能排解，很容易爲了發洩心中的不快而動輒與人辯駁，甚至大動干戈。與這種人談話的時候最好不要發表肯定性的意見，否則會遭到他們的強烈反駁。即使是正確無誤的說法，他們也不會表示贊同，因爲他們認爲只有自己說的才有道理。

跟他們講理是行不通的，只能巧妙地周旋應對。與這樣的人相處，最好的方法是含含糊糊地跟他們保持意見一致，然後把話題岔開。

這種個性陰沉的人還有另一項缺點，那就是常常以偏概全，喜歡抓住別人的缺點進行攻擊，言辭也比較尖銳。他們的反應很快，一旦抓住對方的弱點，就會馬上反擊，不會給對方留下迴旋的空間。

不過，這樣的人也有一項優點，就是分析問題很透徹，常常是一針見血，可惜的是，也因爲如此，在言語上更不會爲對方留下任何餘地。

由於他們經常把焦點放在發現別人的弱點，伺機進攻，所以常常會犯了狹觀的毛病，只看見自己執著的，甚至會捨本逐末，陷入偏執的死胡同而不能自拔。

瞬間看穿對方的心理

喜歡強詞奪理的人，個性顯得陰沉，不受人歡迎。

克服這種強詞奪理的習慣其實並不複雜，只要端正自己的心態，保持開朗的想法，很多問題就會迎刃而解。

總是自言自語的人通常膽小怯懦

一個人會自言自語或者說話囉嗦，原因可能有很多，但最重要的，還是因為對自己缺乏應有的自信。

自己跟自己對話，自己跟自己「交流思想」的情況其實是很常見的，只是對於一般人來說，這種對話是通常以靜思默想的形式出現，很少有人會將這些默想的內容大聲說出來。除非在例外的情況，例如醉酒的時候，但是在酒醒之後，多數人也常常會爲自己的「酒後吐眞言」後悔不已。

另外，或許你會發現，有些人講起話來總是不得要領，或者前言不搭後語，甚至會在不知不覺中偏離主題。通常，這樣的人很容易會爲瑣事斤斤計較，往往對長輩不滿，對上司不滿，對另一半不滿，對孩子不滿……可以說在他們的心目中，幾乎身邊所有人都有毛病。

其實，在上述這種人的內心深處，特別需要別人對他們的權威或地位予以承認和尊重，但是卻因爲沒有自信心，所以常常掩飾自己眞實的想法。

由於他們膽子比較小，或者是既不能接受別人的意見，但又不願反駁別人的意見，所以最後通常就只有含糊其詞，不把自己的意見明確表達出來。

這種人的顧慮通常很多，怕上司、怕同事，怕這件事情沒做好，怕那件事情做不了。他們常常自責，因此常常自言自語。有時則是因爲某些欲望難以滿足，但由於天性膽怯，有話不敢明說，所以只好一個人說給自己聽了。

像這樣性格怯懦的人，如果在工作場合中受了上司或同事的氣，甚至受到批評斥責，在上司和同事的面前通常不敢公開反抗，只能忍氣吞聲。在情緒久久難以平靜的情況之下，只好用自言自語的方式加以發洩，賺取一些廉價的安慰。

雖然這樣的人個性彆扭，但大體上來說，還是能夠與他人友好相處的。

如果你正與這樣的人交往，應該主動地找出他們不願表明態度的原因，對症下藥，妥善地將問題解決。要做到這一點，就必須主動對他們表示友好，才能獲得對方的信任。通常，一個人會自言自語或者說話囉嗦，原因可能有很多，但最重要的，還是因爲對自己缺乏應有的自信。

這些人之所以表達不清，除了缺乏必要的語言訓練，往往也因爲他們內心深處另有隱情。在這種情況下，如果想與這樣的人好好相處，就要先弄清楚對方的眞正想法，然後再找個適當的時機誘導對方說出來，讓他們能夠明確表達出自己的意見。

瞬間看穿對方的心理

自言自語是一種心理疾病，如果你有自言自語的習慣，必須不斷培養自己的信心，只要有了信心，自言自語的説話習慣就可以慢慢改變，甚至讓你脫胎換骨，成為受人矚目的人物。

打聽隱私的人多半是因為嫉妒

對於那些熱衷於打聽和傳播別人隱私的人，我們還是敬而遠之為妙，以免無端為自己惹來了一身腥。

近年來，不僅僅是三流小報，許多原先具有公信力的報章、雜誌、媒體，也開始吹起一股八卦歪風，對於名人的生活隱私，就如同蒼蠅遇上腐肉一樣緊追不捨。

從這種現象當中，我們可以清楚看見，絕大多數的人的確具有愛好窺探別人的天性。有些人喜歡在茶餘飯後聊聊他人的隱私，談論的話題對象，往往就是他們熟悉的人和事。

通常在這種時候與場合，會出現幾種不同類型的人：有的人不斷地散佈消息，有的人只是忠實的聽衆，有的人則在旁邊添油加醋地評論……，但無論是哪一種人，對於飯後聊八卦常常樂此不疲。

根據一項心理研究表示，喜歡打聽和傳播別人隱私的人，多半都有著強大的嫉妒的心理。

這種人散佈他人的私生活的目的，就是要毀壞他人的形象，滿足自己「見不得人好」的心理。須知，許多有關私生活的話題常常是查無根據的，所以說出來也很難證實，如果聽衆對這個人也有意見，那麼散佈消息的人就能很容易地達到自己的目的。

心理學家指出，這樣的人在工作場合往往跟上司的處事習慣和價值觀不一致，而自己的意見又很少被採納，心裡一直有一股難平的怨氣，所以很樂意提供甚至編造上司的這類小道消息。

喜歡做這種事的人，他們往往認爲上司不僅對他如此，對大多數人也是如此，所以他覺得自己有揭露上司隱私的「神聖職責」，從而用這樣的方法滿足「廣大聽衆」的心理要求。

也因爲如此，這種人說話的時候往往比較尖酸刻薄，目的就是想拉攏一部分人，好擴大自己的聲勢。

但是，古人有一句話說：「說人是非者，必是是非人。」對於那些熱衷於打聽和傳播別人隱私的人，我們還是敬而遠之爲妙，以免無端爲自己惹來了一身腥。

瞬間看穿對方的心理

一個品行端正的人，千萬不要去打聽別人的隱私，知道他人的隱私是要敗壞自己的好心情的。

小心因為快言快語而無端惹事

直率與圓融其實是可以並存的，只要在與人交談時，試著細心一點，主動調整自己的話題和說話方式，即可避免說出不應該說的話。

俗話說：「心直口快」，反過來我們也可以說，口快的人直爽外向。

有的人說話速度比較快，就像連珠炮似的。根據心理研究表示，語速快的人不僅思維敏捷，而且個性一般都比較外向。

外向的人言語流暢，聲音抑揚頓挫，富有變化，並且能說善道，只要一想到新的問題，就會很快提出來，一邊佐以豐富的肢體語言，譬如把自己的身體靠近對方，興高采烈地描述自己的想法，不管對方是不是感興趣。

不過有的時候，他們也會因此突然打斷對方的話，眉飛色舞地述說自己的主張，想把自己的主張強加在別人身上，讓對方感到有些不快。

雖然這樣，這種人的言語表達周到而清晰卻是無庸置疑的，能讓聽的人很輕易地理解自己的意思。即使面對初次見面的人，他們也會面帶微笑，親切地交談，讓人感覺很好親切。

這樣的人，通常就是具有這種外交家的風度。

他們往往很善於迎合對方，當對方表達自己想法的時候，他們會不斷地表示肯定，不僅會適時以「是的」來回應對方，而且還會不時地點頭，不然就是閃動著眼睛，湧出滿臉的微笑。

這種外向型的人與他人見面，只要彼此開始交流，就會很快表現出開朗的一面。特別是話說得投機的時候，話匣子一打開就無法關住，好像有說不完的話題一樣。用「一根腸子通到底」來形容這種人是比較恰當的。

在各種場合，他們都沒有矯揉造作的感覺，有時甚至用開玩笑的方式介紹自己，而博得他人的歡心。

快言快語的人有時可以毫無顧忌地把自己比較可笑的事情抖落出來，在他

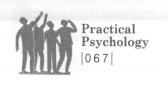

們看來，沒有什麼事情是值得隱瞞和忌諱的。

正因爲這種人不拘小節，很少對過去的事情進行反思或後悔，因此，他們常常忘記了自己早就說過的話，有時甚至是已經做過的事也不記得了。一般人在安靜的時候往往會爲自己說錯的話感到後悔，但是這對於那些心直口快的人來說，這種顧慮簡直是多餘的。

正因爲如此，很多人也認爲心直口快的人往往比較輕率，做事欠考慮。說話不用大腦，很容易一開口就得罪人。

一般說來，這樣的人沒有城府，想到什麼就說到什麼。這些人也常常認爲自己是直性子，從來不說假話，一切都是有口無心的。

但是，無論如何，都不應該以此作爲藉口而信口雌黃，毫無忌諱。因爲，不管在什麼地方，總有一些話是不能隨便講的，這是一般人都應該有的常識，比如當衆說出他人的隱私。

禍從口出，這是經驗之談，所有口無遮攔的人都應該好好思考這個問題。雖然這樣的人常常是很有膽識的，但如果不管什麼場合都「童言無忌」，什麼事情都大剌剌地說出口，只會讓自己無論做什事情，都成事不足，敗事有餘。

要知道，直率與圓融其實是可以並存的，只要在與人交談時，試著細心一點，主動調整自己的話題和說話方式即可。

這種隨機應變的能力會讓你與他人交流時不會使對方感到掃興，同時也可以避免說出不應該說的話。

瞬間看穿對方的心理

說話不經思考，往往很容易得罪人而不自知。要知道，說話不是一件小事，應該要管好自己的嘴，凡事三思而後行，才能隨時化險為夷。

改善說話缺失，處世無往不利

內向與外向各有各的優缺點，最重要的就是要懂得時時修正自己缺點，如此，才可以讓自己在做任何事情時，都能更無往不利！

內向型的人平時往往就像個悶葫蘆，總是不聲不響的。與外向型的人比較之下，內向型的人顯得沉默寡言多了。

他們說起話來節奏緩慢，平鋪直敘，缺乏抑揚頓挫的起伏。與人交談的時候，一般也都比較沉默，因此顯得穩重。談到自己的事情時，往往會結結巴巴，模稜兩可，甚至讓人不知所云。

但是個性內向的人說起話來有一個明顯的特徵，那就是善於遣詞用句，字字句句都會經過一番斟酌，因此主題集中，有很強的邏輯順序，言辭之間具有很棒的說服力。他們的用詞比較準確而規範，很少用攻擊性的詞語，所以在言語上很少強詞奪理，就算是跟人頂嘴，也很少強人所難。

可想而知，這樣的人與人說話，一般總是以客套話開始，然後才會委婉地說出自己的想法。就連別人提問的時候，也會用十分客套的語氣來回答問題。

少言沉默的人，一般都比較內向，在談話方面缺乏練習。外向的人說話往往是一股腦兒全部說出來，而內向的人一句話卻可以在肚子裡反覆推敲很多遍，以求自己的表達可以儘量準確。當然，也有一些內向型的人反應是比較敏捷的，常常會使用比喻，說起話來妙語如珠。

即使是在與他人辯論時，他們往往也顯得比較有耐心，不焦不躁，很少把自己的觀點強加於人。如果發生爭論，他們不會用很絕對的口氣說話，而是會以「我的想法是這樣的」、「我個人認為」……等方式闡述。因此，給人的印象總是溫文爾雅，彬彬有禮。

內向型的人一般也不會輕易地妄下結論，也不容易被說服，更不會隨便就附和他人的意見。外向型的人則完全相反，回答他人的問題通常很迅速，並且簡明扼要，給人爽快直率的印象，但是由於他們很急躁，一旦感到不耐煩就會發脾氣，因此給人暴躁的印象。

事實上，內向與外向各有各的優缺點，不論你是屬於哪種，最重要的就是要懂得時時修正自己缺點。

內向的人可以保有自己的耐性與理性，但還要更直率一些；外向的人則保持原有的爽朗，但要注意多用腦筋思考，多多培養耐性，如此，才可以讓自己在做任何事情時，都能更無往不利！

瞬間看穿對方的心理

沉默寡言的人，最大的好處就是考慮問題比較深入，但是給人的印象是反應不快，有時候甚至讓人覺得節奏太慢。

喜歡訴苦的女性通常依賴心強

性生活是夫妻雙方共同擁有的，不管哪一方，都有配合對方的義務，也有從中獲得滿足的權利。

女性向他人訴苦，一般都被看成是缺乏主見的表現，因爲向別人訴苦，背後所表達的意思，往往就代表著：「給我一點愛，好嗎？」

不管是什麼苦衷，女人通常都喜歡向男性傾訴，希望從異性那裡得到安慰和溫情。這種時候，男性的肩膀和胸懷就是她們的天然避風港。

喜歡訴苦的女性，常常會用比較執著的柔情去開啓男性的心扉，她們要在這裡獲得溫馨和安寧。這種固執往往像寒冬開放的梅花，幽幽的清香，沁人心脾；這種執著，有時也像夕陽晚霞之間翱翔天宇的雄鷹，自然而然地會融進神奇的大自然中去。很少有男性不為這種溫情所激動，因此，這種訴苦的行為，實際上可看作是女性俘虜男性的一項武器。

但是，喜歡訴苦的女性，往往也具有極強的依賴性。如果有幸遇到一個值得依靠的男人，那麼一輩子自然「風調雨順」，可以就此過著幸福的生活；但如果遇上窮困潦倒的對象，那麼一生往往會坎坷艱難，苦悶不堪。

說到訴苦抱怨，我們就不得不再從夫妻關係的角度來分析。

今日社會之中，不少丈夫只顧著賺錢，卻忽視了妻子心理，甚至是生理的需求，因而往往也引來妻子的諸多抱怨。

曾經有一位女士在接受心理諮詢的時候表示：「結婚十多年來，我們夫妻倆的性愛一直很和諧，可是自從丈夫開始經商之後，我們的性生活越來越少，而且事後總感到分外疲倦，原來的快感全部蕩然無存。」

由於女人在性愛中常常缺乏主動性，男人往往認為女人缺乏情趣，其實這是一種誤解。性生活是正常的生理和心理需要，無論是男人還是女人都會有性需求。當女人對性愛渴望時，她們更希望能擁有情趣。

女人需要性，渴求性愛，這是自然合理，且無可非議的，不需要將之視爲輕佻、淫蕩。因此，身爲妻子如果出現了這方面的需求，不妨主動向另一半表達，讓對方也能夠配合。

但是，如果丈夫在外工作一了一整天，身心感到十分疲倦，妻子也要主動關心體貼丈夫，如果總是站在自己的立場一味指責對方，只會爲夫妻感情帶來陰影。

性生活是夫妻雙方共同擁有的，不管哪一方，都有配合對方的義務，也有從中獲得滿足的權利。

瞬間看穿對方的心理

訴苦往往是因為不滿足，無論是已婚或未婚，所有女性都應該注意選擇訴苦的對象與時機，以免造成難以挽回的錯誤。

只會訴苦，無法成就大事

經常向別人訴苦的男性給人的印象往往是懦弱的，這對一個男人來說，並不是什麼好事。

自嘲是一種幽默的表現，懂得適時自我解嘲的男性，往往是比較成熟的。這樣的人一般都比較清醒，不容易受騙，在事業上常常是比較順利的，特別是商場中，通常都會有貴人相助。懂得自嘲的男人之所以比較成熟，是因爲他們懂得「人無完人，金無足赤」的道理。

有的人一輩子說話辦事總是小心翼翼，好像是爲了別人而活。

但是，一個懂得自嘲的人明白了這一點，可能有時會說一些別人不喜歡聽的話，做一些別人無法接受的事情，這是由於他們並不希望人人都說他們好，所以總覺得無所謂，活得也比較自在逍遙。

另外，喜歡自嘲的男人通常對於愛情也比較瀟灑，不強求，但他們的愛情之路往往也比較坎坷。

需要注意的是，自嘲還是得要注意場合和時間，不能不分時間、地點，開口就是一副不正經的口吻，而是要注意分寸，以免被認定爲油嘴滑舌。

有懂得自我解嘲的男人，自然也會有喜歡抱怨的男人。

心中出現苦悶時便向他人訴苦，無疑可以減輕內心的壓力，這種行爲雖然在女性身上比較常見，但是喜歡訴苦的男性也不少。

男性訴苦的最佳對象自然是女性，因爲女性比較善解人意，也很容易附和他人。男性在女性面前訴苦，常常顯得比較坦率，往往會把自己內心的秘密吐露出來。

在這種時刻，男人一般都是比較眞誠的。願意放下身段訴苦的男性，通常也都還保持著一點赤子之心，願意像面對母親一樣對異性傾訴自己的委屈。

但是，並非所有訴苦的男性都可以取得女性的同情。

簡單地說，訴苦的作用是很有限的，女性的同情也是很有限的。女性在傾聽男性訴苦的時候，自己也承受著不小的壓力。所以一般說來，女性並不是很喜歡男人不時在她們面前訴苦。

再者，經常向別人訴苦的男性給人的印象往往也是懦弱的，這對一個男人來說，並不是什麼好事。根據調查，喜歡訴苦的男性一般感情都比較豐富，外表長得比較斯文，也都有一技之長，而且虛榮心比較強。

但由於這種人不善於交際，喜歡獨來獨往，因此一般很難成大事。

瞬間看穿對方的心理

每個人都有苦衷，偶爾向別人傾訴也是無可厚非的，但是如果過分了，就會讓人敬而遠之。說到底，每個人，特別是男人，還是應該具備一定承受壓力的能力才行。

開場白太長的人多半心理受到壓抑

潛意識裡的心理壓抑讓許多人在與人交往時，常常要用很長的開場白來表達自己的意思。實際上，這就是一種小心翼翼的表現。

作家伊爾曾經說：「知道什麼氣候穿什麼衣服，是每個人必備的生存潛智慧。」

的確，在這個不懂得人情世故就會吃悶虧的人性叢林中，如果想出人頭地，首先必須懂得觀察別人臉上的「氣候」，當別人臉上冷若冰霜的時候，千萬別再說一些雪上加霜的話，當別人一臉怒氣的時候，千萬別再說一些火上加油的話。

開場白是一種很特殊的說話藝術。

人們在公開場合講話的時候，總是需要先來一段開場白。一段恰如其分的開場白，可以拉近與聽眾之間的距離，有利於交流。

但是，有的人開場白往往很長，結果使得聽眾不得要領，這樣的開場白根本是白白浪費了聽眾的時間，使人反感。

但你是否曾經想過，爲什麼有些人在進入正題之前，總是習慣客套一番，加上一段可有可無的開場呢？

心理學家認爲，開場白太長的人在心理上或多或少有一些不足之處，據分析可能是由於以下兩種原因。

首先，可能是說話者想給對方足夠的體貼，所以把話說得比較仔細。尤其，如果對方是一個十分敏感的人，直接說出自己想說的話，很可能就會傷害到對方，因此才故意拐彎抹角，刻意拉長自己開場白。

其次，有的人認爲，開場白過於簡短，可能會使對方覺得不舒服，給人太過突然的感覺，怕造成不必要的誤會，因此也會刻意拉長開場白。

一個人在成長過程中，難免會步入與父母長輩發生矛盾衝突的叛逆期，特別是在青少年的時候。在這個階段，他們認爲父母就是權威，因此產生了一種心理壓抑感。

這種壓抑到了成年時期雖然已經不大明顯，但在潛意識裡還是會長期地保存著，因而他們與人交往，常常要用很長的開場白來表達自己的意思。實際上，這就是一種小心翼翼的表現。

瞬間看穿對方的心理

為了讓對方比較容易瞭解情況，必要的開場白是必不可少的。但應該明白，開場白太長往往會使聽眾產生反感情緒，反而適得其反。

愛發牢騷的男性不善交際

將牢騷轉化為動力，可以因此得到別人支持，並進一步獲得成功。因而，發牢騷似乎也不全然是件壞事。

牢騷常常會表現出一個人的個性本質。

有些人因爲對生活的追求比較高，發牢騷是因爲他們內心不滿，有種種希望與需要，難以得到滿足。

有的牢騷被人們稱爲高級牢騷，主要指要求尊嚴、表現價值、獲取榮譽等。這樣的人發牢騷不針對某一個人，而是針對他們所處的現實世界。

他們常常抱怨世道不公，就像一個利他主義的哲學家，他們所發的是「公怨」而不是「私怨」。

這些人之所以要發牢騷，就是因為公正和善良受到了侵害，這種牢騷常常得到很多人的擁護，因此也常常被當作是正義的化身。

除了這種高級牢騷之外，還有一般的牢騷。比如一整年工作都很努力，但是年終發獎金卻少得可憐，既減少經濟收入，名聲上又不好聽，當然會讓人牢騷滿腹。

這些牢騷，主要是在表現自己的不滿情緒，但這種牢騷由於都有具體的對象，所以常常會得罪人。

很多調查資料表示，那些生活貧困的人一般都沒有什麼牢騷可發。因為他們不須為了生活整天忙碌，根本無暇也無心享受發牢騷所帶來的「快感」。

一般說來，只會發牢騷的男人常常是令人討厭的，但是有些女人卻偏偏鍾情於那些喜歡發牢騷的男人，因為這些男人通常也善於將牢騷轉化為動力，常常因此得到別人支持，並進一步獲得成功。

從這個角度看來，若是抱怨可以成為激勵人前進的力量，發牢騷似乎也不全然是件壞事。

很多時候，發牢騷是無濟於事的，與其發牢騷，不如做一些實實在在的事情，何必讓自己心情受到傷害呢？

愛空談，想成大事就很難

喜歡說大話的男性常常都只出一張嘴，沒有多少本事，又缺乏必要的進取心，因此往往抓不住機會，很難成就大事。

有的男性喜歡侃侃而談，內容很廣卻常常出現不少細節方面的錯誤。

他們考慮問題比較宏遠，善於從整體把握事物的發展方向，具有良好的大局觀念，往往有不少的奇思妙想，發前人所未發，富有很好的創造力。

但是，這種人最明顯的不足之處是缺乏條理性和系統性，談論問題不能細緻入微，常常給人不太謙虛的印象。

他們的知識、閱歷、經驗等都比較廣博，但是都不會很深厚，是很典型的廣而不深的人。

這種人說起話來，上通天文地理，下通雞毛蒜皮，每一件事情似乎都顯得無所不知，無所不曉。

「一壺搖不響，半壺響叮噹」，說的就是這種人。

對這種男人來說，講話是一種自我表現的形式，說大話的內容很廣泛，不懂足球可以大談足球，不懂音樂可以大談音樂，不懂科學可以大談科學。他們什麼都敢講，並且談得比行家還要動聽。這樣的人常常喜歡許諾，但是說出口的大話卻很難落實。

研究發現，這種人的缺點就是腦袋裡的知識缺乏系統，一旦面對實質性的問題，常常就會茫然不知所措，有時甚至想了幾十種方案還抓不到重點。

事實上，這些愛空談的人如果能夠靜下心來，不斷增加自己的知識和修養，杜絕誇誇其談的壞習慣，時刻把握事物的本質，或許也可以成爲優秀的人才。

喜歡說大話的男性常常都只出一張嘴，沒有多少本事，又缺乏必要的進取心，因此往往抓不住機會，很難成就大事。

瞬間看穿對方的心理

與其誇誇其談，不如腳踏實地，閉上嘴動手去做。要知道，只做不說，要比只說不做好得太多了。

處處爭辯，事情也無法改變

與其跟別人爭得面紅耳赤，滿臉就像塗上油彩，倒不如用一雙童真單純的眼睛去看待這些事情。

有種男人時時刻刻都想突出自己，時時刻刻都認爲自己沒有得到公正的待遇。平心而論，要求得到公正待遇，這是無可厚非的，但如果總是自以爲是，隨時隨地都要跟別人爭個高低，這就不好了。

我們應該明白，人世間不公平的事情太多了，無論大事小事都要追求公平，實在是沒有什麼必要，當然，這也是不可能做到的。

很多時候，喜歡辯論的男性不僅僅據理力爭，得理不饒人，而且往往氣壯如牛，總想在辯論中把對方打倒，讓人永遠不得翻身。在這種人的心目中，總認爲自己掌握著眞理，只要對方偃旗息鼓，自己就是勝利者，就擁有了眞理。

這樣的男人，從本質上看其實是外強中乾。他們把大好的時光都耗費在無聊的辯論上，把心思都用在勝敗的較量上，哪裡還有心力去做更有意義的事呢？

說到底，他們究竟從爭辯的勝利中得到什麼？其實，什麼也沒有得到。對方無法得到快樂，他們自己也同樣得不到快樂。

另外，這樣的男人容易衝動，不善於判斷事物的發展方向，因此，他們雖然不怕困難，但通常也很難取得預期的效果。

這樣的男性如果能夠明白「大音希聲，大辯若訥」的道理，那麼他們的前途是可以很光明的。否則，眞的會成爲眞正的外強中乾的弱者，一生就在爭論之中莫名其妙地虛度。

著名作家三毛曾經這樣說過：「不求深刻，只求簡單。」這句格言十分值得人們好好地思考，特別是女性。

愛爭辯的女人，通常令人討厭。在一般的印象裡，女性的溫柔是美，女人可以遊山玩水，可以講究穿戴，但是絕對不應該對一個問題糾纏不清，窮追猛打。男性之間爲了某些問題爭得面紅耳赤或許無傷大雅，但如果一個女人喜歡爭論，就會叫人有點害怕了。

這種說法可能不是那樣合理，但是我們所處的社會就是如此。歷史上那些長於辯論的大師級人物都是男性，如孟子、莊子、蘇格拉底、柏拉圖、黑格爾等。想想，如果李清照喜歡與人辯論，那她的丈夫肯定受不了。

女性應該記住，與其跟別人爭得面紅耳赤，滿臉就像塗上油彩，倒不如用一雙童真單純的眼睛去看待這些事情。如果不知道改變自己，一心一意企圖用盡方法成爲女強人，恐怕就很難得到美滿的婚姻了。

瞬間看穿對方的心理

世界上的事情往往是很複雜的，即使是不斷的爭論也未必能夠得出正確的結論。何況自己即使成了贏家也不過如此而已，他人不一定認可，自己也不一定氣順，又何必爭得面紅耳赤呢？

謊言反而容易洩漏秘密

謊言就像一面鏡子，透過說謊的方式，可以看出一個人的真實面貌。從識破說謊的動機開始，或許就可以發現很多秘密。

越是喜歡說謊話的人，越是喜歡標榜自己是正人君子，這樣的人其實是不折不扣的僞君子。可是偏偏還是有人相信「不說謊話辦不了大事」，因而經常撒謊，但是又自我標榜爲君子。

他們最常說的一句話就是「你什麼時候聽我說過謊話」。

不少男性常常會犯這樣的毛病。

如果男性常常說謊，這樣的人往往是一肚子的壞水，他們可能會取得很大的成功，但歷史往往也會對這些人進行審判。

當然，很多時候這樣的人都是「兔子尾巴長不了」，不需要很長的時間，就會嚐到身敗名裂的苦果。

研究發現，女人對說謊話的男人向來是避而遠之的，只要識破了這類男性的謊言，很快就會離開他們。

如果這個男人眞是一名正人君子，那又何必說謊呢？按照正人君子的標準去做，不就是正人君子了嗎？

說完了男性，當然也不能不說說女性。

有人曾經說過，世界上有一大半的謊言是女性編造出來的，這句話大概不會錯。

女人常常會不由自主地說謊話，這是因爲女性自男性那裡得到的安慰就像是一種憐憫，已經沒有什麼價值可言。

女人說謊話常常都是爲了保持自己內心的平衡，謊言的後面往往有某種目的，比如渴望得到別人的愛，希望平等地與人相處等。

無論是自己編造謊言或被謊言所騙，在女性心目中，留下的印象總是比較長久，她們往往在謊言中度日如年，不得不用下一次謊言來掩飾上一次謊言。

善於編造謊言的女性常常也是很有心機的，她們說謊常常是爲了搪塞。

比如，自己討厭的人打電話來，她們會藉口有事而掛斷電話；有些事情她們本來不願意做，但是由於面子問題，當下不得不答應下來，過了一段時間，她們就會找各種藉口推辭。

有的女性常常用這種方式對付不喜歡的男人，很多男人也常常在自己被弄得精疲力竭後才得到對方一點點的眞情。當然，如果遇上比較無聊的男性，很多時後被捉弄的不是男人，反而是女性自己。

有的女人會因爲愛慕某位異性，總是千方百計地用謊言討好對方。

比如說，自己本來不喜歡看某一本書，但是卻會三天兩頭去與愛看這本書的男人談論這本書的內容；又或者她們本來對某個問題已經弄懂了，但卻會常常假裝不懂而向男性請教。

由此可見，女性說謊話可以分爲善意和惡意兩種。從這兩種動機不同的謊言中，我們也可以窺見女性不同的秘密心事。所以，有人才說，謊言就像一面鏡子，透過說謊的方式，可以看出一個人的眞實面貌。

女人可以輕易弄懂男人的心，男人卻很難弄懂女人在想些什麼。不過，如果男人夠細心，從識破女性說謊的動機開始，或許就可以發現女性的很多秘密。

瞬間看穿對方的心理

很多女人說的話常常會與自己的心意相違背。由此我們或許可以推知，言不由衷往往是女性的通病。

話說太多，難有好生活

本來與人聊天是一件很平常的事，但是女人過分喜愛與人聊天，卻會讓人很不舒服。這種「聊天」，被心理學家們稱為閒聊。

會說話是一件好事情，人們也常常能因此取得成功。但是，會說話的人往往不懂得學會「不說話」，所謂「大辯若訥」就是這個道理。

健談的男性一般都比較有知識，他們的腦子裡裝滿了各種各樣的東西，不把這些東西說給其他人聽，他們就會感到不舒服。

這樣的人精力比較旺盛，對新鮮事物很感興趣。

可是，研究發現，這樣的男性沒有弄清楚交談的作用。要知道，交談不是演講，也不是口才表演，不能只顧自己不顧別人，要讓別人有說話的機會，不能總是叫別人當聽衆。

也就是說，善於交談的人必須要學會傾聽，學會回答，不斷支持向你發表意見的人，只有這樣，才能達到交談的目的。

通常，健談的男人也具有比較強的攻擊性，只要看到異性，就想用自己廣博的知識博取對方的好感。

這些人其實是產生了錯覺，他們忘記了在生活當中，男性與女性之間更多的話題是生活和愛情。

毫無疑問，這樣的話題才有利於溝通，才不會讓對方望而生畏。面對滔滔不絕的男性，女人一般也會認爲他們喜歡賣弄，不懂生活情趣。

無數事實證明，唯有無知的女性才會相信這樣的男人，具有鑑別力的女性則會對男性的自以爲是感到不滿。

事實上，健談的人社交能力是很強的，交往範圍也比較廣闊，通常也有很強的進取精神。但是，他們大都名利心太重，常常因此四處奔波，吃力而不討好。如果可以明白了這一點，並且設法改善，一般都會取得不錯的成就。

另一方面，喜歡閒聊的女性做事情則往往婆婆媽媽，滿身俗氣，這樣的人可能能夠管理一個家，但是個人情趣就不怎麼樣了。

要知道，過分的閒聊就是無聊，就是白白地浪費時間。

本來與人聊天是一件很平常的事，但是女人過分喜愛與人聊天，卻會讓人很不舒服。這種「聊天」，被心理學家們稱爲閒聊。

聊天也是一門藝術，不是隨便說說話就行的。

好的聊天方式，必須要營造良好的氣氛，讓參與聊天的人都感到舒心。這種聊天不是靠知識豐富，而是要求雙方盡情交流，各自都可以充分地發表意見。

但是，有些喜歡閒聊的人常常是張三鼻子長，李四眉毛短，沒有一個話題是別人喜歡的。這種人往往給人窮極無聊的印象，有時候還會將自己的意見強加於人，強迫別人遷就自己。

這樣的女性常常是見人說人話，見鬼說鬼話，遇到醫生就說開刀動手術，遇到商人就談做生意，與官員談政治，與軍人說軍事，既缺乏專業性又缺乏趣味性，結果往往言不及義，貽笑大方。不僅浪費了時間，而且還暴露了自己的無知。

但是，這種女人往往自己不會有這種感覺，反而還會沾沾自喜，認爲不管什麼場合都有自己發揮的空間。

由於喜歡閒聊的女人，往往也喜歡搬弄是非，所以她們一輩子都不會有很好的發展，就算當個小職員都很容易受到衆人排擠。

瞬間看穿對方的心理

健談的人應該注意學會克制自己，不要自鳴得意。如果沒有意識到這一點，就是失敗的開始。

懂得甜言蜜語，做事會很順利

社會心理學研究證明，女性需要保護，男性需要安慰。女性的安慰可以化解男性心中的壓力，可以調節男性心理上的矛盾。

如果一個男人喜歡說些甜言蜜語，一般都會被當成是虛僞或拍馬屁。如果一個女人會說甜言蜜語，卻會令人心曠神怡。

有人說，甜嘴的女人就像甘甜的水果，讓人品嚐後覺得血脈通暢，神清氣爽。這是爲什麼呢？因爲女性最靈活的東西不是手和腳，而是舌頭。

女人可以憑著三寸不爛之舌，辦到許多男人必須花費大把力氣才能做到的事情。女性公關人員比男性公關人員多，而且表現傑出，最主要的原因之一，就是因爲女人說話往往比男人中聽。

女性在體力、勇氣等方面或許不如男性，但在語言方面的天賦卻遠勝過男性許多，這可以說是造物者的一項巧妙平衡。生理學的研究早已證明，女性在語言方面比男性更具有天分。

甜言蜜語是女性溫柔的表現，懂得說好話的女人，在生活和工作上往往也很順利。可以說，女性的溫柔，就是她們成功的重要籌碼。

女性征服別人的方式不少，甜言蜜語就是其中之一。當然這主要是用來對付男性的，在女性之間往往行不通。

許多事實都證明了，女性之間最喜歡用言語互相攻擊，而對男性則喜歡使用甜言蜜語，並且男性也確實喜歡女性的甜言蜜語。

這主要是因爲男性在社會上承受的壓力太大，他們需要女性的甜言蜜語來加以調節，這些的話語可以讓男性的心靈得到撫慰。

社會心理學研究證明，女性需要保護，男性需要安慰。女性的安慰可以化解男性心中的壓力，可以調節男性心理上的矛盾。

女性的溫言軟語就像春風化雨「隨風潛入夜，潤物細無聲」，在不知不覺中，男性就成了女性的俘虜了。

無數事實證明，懂得甜言蜜語的女性常常會得到上司的青睞，在前進道路上一般都比較順利。這樣的女性往往也會成爲賢妻良母，生活更是順心。

瞬間看穿對方的心理

會說甜言蜜語的女性多半是討人喜歡的。但要注意，必須儘量避免對同性甜言蜜語，因為那往往會適得其反。再者，甜言蜜語也必須有分寸，「過猶不及」的道理值得借鑑。

PART 3

從言語動作瞭解人的內心世界

人在說謊話時，
會引起面部和頸部組織的刺痛感，
因而會透過揉或者抓來緩解。
只要向他提出「請再說一遍，好嗎？」
之類的問題就可以使他洩底。

從言語動作瞭解人的內心世界

人在說謊話時，會引起面部和頸部組織的刺痛感，因而會透過揉或者抓來緩解。只要向他提出「請再說一遍，好嗎？」之類的問題就可以使他洩底。

動作不僅僅可以幫助說話，最主要的是能夠表現一個人的眞實心境。有許多觀察研究都顯示，幾乎沒有人說話時是全無表情動作的。

一個人說話時所伴隨的動作可以表現在手上、腳上和身體的其他部位。手位於身體的易於觀察部位，所以在交談過程中多留心對方手的活動，對你辨別對方言語的眞僞是至關重要的。

如果一個人與你說話時故意迴避你的目光，代表他很可能對你隱瞞了什麼。

一個採取防衛對抗姿態又面帶微笑的人，則可能是想以假笑來麻痺你，同時又

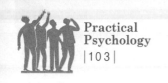

盤算著如何拆你的台。就像莎士比亞在《哈姆雷特》中所說的：「一個人表面上笑瞇瞇，其實心懷叵測。」

根據行爲心理學家戴斯蒙．莫里斯的觀察發現，人在說謊話時，會引起面部和頸部組織的刺痛感，因而會透過揉或者抓來緩解。

比如，說謊的人要是感到對方懷疑自己，脖子會冒汗；一個人在憤怒或沮喪時會拉一拉衣領，好讓脖子透透氣……等。

因此，如果你看到對方使用這種姿勢，只要向他提出「請再說一遍，好嗎？」或「請你再說明白一點，好嗎？」之類的問題就可以使他洩底。

但是，並非談話中出現了上述動作就表示對方撒謊，有時候人們摸鼻子只是因爲這個部位眞的發癢。

當然這是可以透過仔細觀察判別的，因爲發癢才摸鼻子與表示否定的這種姿勢之間，仍然有明顯的差別。

人們在搔癢時一般比較用力，裝腔作勢時卻是輕輕地，動作優雅，並且伴隨著協調的姿態，譬如將身體綣縮在椅子上，或身體搖來晃去等。

前面提到，一個表面上笑瞇瞇的人，可能是想痲痺你。須知，笑是一種手段，可以增進友誼，化解仇恨。可是，要是皮笑肉不笑，或是明顯地笑裡藏刀，那就是標準的笑面虎了！

另外，從打電話的不同姿態中，也可以瞭解某些人的個性特點。

如果說此人講電話時總是舒舒服服地坐著或躺著，一副泰然自若的模樣，那麼他們的生活多半沉穩鎮定，性格也是屬於泰山壓頂面不改色的鎮靜型人物。

習慣於用手中的筆去撥電話號碼的人，個性則是比較急躁，經常處於緊張狀態，而且不讓自己有片刻的空閒。

通電話時從不喜歡坐立在同一位置，喜歡在室內走動的人，通常好奇心極重，喜歡新鮮事物，討厭刻板的工作。

喜歡把聽筒夾在手和肩之間的人則往往生性謹慎，對任何事情都必須先考慮周詳才做出決定，處處小心，極少犯錯。

有些人通電話的同時，常常喜歡做一些瑣碎的工作，比如整理文具等。這類人通常富有進取心，珍惜時間，分秒必爭。

如果說，一個人打電話時不停地玩弄電話線，則多半屬於生性豁達、玩世不恭型的性格，往往天塌下來當被蓋，非常樂天知命。

再者，一邊通話，一邊在紙上信手亂畫的人，則大多具有藝術才能和氣質，富於幻想，他們獨具的樂觀個性使他們經常能度過困境。

通話時緊握聽筒的下端的人，性格則是外圓內方，表面看似怯懦溫馴，其實個性堅毅，無論對事對人，一旦下定決心，就永遠不會改變。

瞬間看穿對方的心理

言語動作會暴露一個人心裡面亟欲隱藏的秘密，如果能用心觀察，那麼在與人往來時將會有莫大的助益。

說話手舞足蹈的人善於交流

一般來說，個性外向的人很能放鬆心情，當然也很能使人感到輕鬆愉快，因此能獲得融洽的人際關係。

對於那些講話時手舞足蹈的人來說，跟人交談是一大快事，因此即使是與初次見面的人交流，他們也毫無拘束，沒有一點怕生的感覺，甚至會以開放而親密的態度去迎接對方。

這種人即使在與人打招呼的時候也會十分用心的注視對方，讓人充分感覺到一股熱烈的氣氛，這種人的個性通常也比較外向。

這類個性外向的人講究禮節，寒暄得體，言語能夠安撫人。當被作爲第三者介紹時，他們就像見到老朋友一樣，緊緊配合著對方的各種行爲，表現出足夠的熱情。

如果對方的地位比較高，他們會表現得很謙卑，甚至會十分坦誠地表達出自己的尊敬之情。如果那些地位較高的人對他們加以讚許，就會表現出喜不自勝的樣子，甚至還會顯得不好意思而低下頭來。

當他們的意見得到別人認同的時候會喜形於色，充滿了感激之情。一旦感到心安理得、精神放鬆的時候，他們就會變得勁頭十足，充滿活力。

個性外向的人一般不喜歡生硬的談話，他們具有高超的說話技巧，因此能夠用比較生動的方式來談論很嚴肅的事情。

由此可見，講話時手舞足蹈的人，通常也具有極強的適應性。

由於他們喜歡與人交流，所以當他們獨處的時候會感到很無聊，覺得悶得發慌，因而很希望與人交談。

這種人的缺點是總喜歡高高在上，發號施令，有事沒事都想插上一腳。有時候他們甚至會進入自我陶醉的境界，得意忘形，甚至大言不慚。

在社交場合，這些個性外向的人往往也會出現翹二郎腿，雙手插腰，朗聲大笑，給人手舞足蹈的感覺。

一般來說，這種個性外向的人很能放鬆心情，當然也很能使人感到輕鬆愉快，因此能獲得融洽的人際關係。這種人對於建立與他人的關係充滿了自信，認爲跟人交往是一件輕而易舉的事情。

由於有了這樣的信心，他們非常喜歡與他人交往，因此人際交往的能力不斷增強，跟別人交流起來如魚得水。常常會毫無忌諱地講述自己的得意之處，也會自然而然地說出自己可笑的逸聞趣事。

瞬間看穿對方的心理

習慣手舞足蹈的人不像內向型的人那樣總想與人保持一定的距離，而是始終認為人與人之間應該親密無間，因此他們常常與人近距離地交流，給人一種很容易親近的印象。

從手勢發現事實

判斷一個人是不是誠實，比較有效的方法是觀察他講話時的手掌活動。如果說的是真話，就會不由自主地伸出張開的雙手。

在通常情況下，張開手掌象徵著坦率、眞摯和誠懇，摸鼻子則是一種比較世故、隱匿的姿勢。例如，發誓的時候，人們常常將手掌張開放在自己的胸前，以表示自己的眞誠；在法庭上，辯護人爲了表現自己的誠懇，也常常張開雙手，以贏得法官的信任。

在訴說冤情的時候，人們也常常伸出張開的雙手，並在胸前上下抖動，以此來表現自己所說的話的眞實性，當然，這一般都不是刻意訓練出來的，而是一種眞情的顯露。很多事實都可以證明張開的雙手與坦率、眞摯、誠懇有很大的關係。

行爲心理學家告訴我們，判斷一個人是不是誠實，比較有效的方法是觀察他講話時的手掌活動。如果說的是眞話，就會不由自主地伸出張開的雙手，這是一種無意識的動作，與說實話有很大的關係。

很多觀察資料還顯示，孩子對父母說謊時，常常會把手藏在背後；成人在說謊時，常常將手插在衣袋裡，或擺出雙手交叉的樣子。面對這種情況，有心人一眼就會看出其中的秘密，發現一般人看不見的東西。

如果要證明一個人是不是坦誠，可以請他隨意伸出雙手：如果對方伸出的手是鬆散的，拇指與食指分開很大，那麼，這個人就是一個誠實的人。反之，如果這個人伸出的是緊握的拳頭，這個人可能不那麼誠實了。

另外，前面提過的觸摸鼻子，其做法可能是手指輕輕地來回摩擦著鼻子，也可能是很快地觸摸。女性在做這種動作時，常常是輕柔、謹愼的，就像擔心臉上的化裝被弄糟了一樣。

古人曾流傳下來這樣一句話：「鼻子直通大腦。」認爲鼻子是一種傳達信號的工具。據說，說謊時鼻子的神經末梢會被刺痛，摩擦鼻子是爲了緩解這種感覺。另一種比較可信的說法認爲：當不好的想法進入大腦之後，下意識就指示人們用手遮著嘴，但到了最後關頭，又怕表現得太明顯，因此，就很快地在鼻子上摸一下。

總之，說話時有這種姿勢的人，是很值得懷疑的。說話的時候，如果下意識地摸鼻子，那麼可能正在有意識地掩蓋什麼東西。

研究發現，說話的時候用手摩擦眼睛，也是撒謊的一種表徵。這種姿勢表示大腦想遮住眼睛所看到的欺騙、懷疑的事物；或者是在說謊時，避免正視對方的臉。

瞬間看穿對方的心理

如果是明顯的撒謊，男人常常會把眼睛往別處看，通常是看地板。女人則是在眼下方輕輕地揉，為了避免對方的注視，她們常會看著天花板。

觀察手，能知道謊言是否說出口

遮掩嘴巴，是想隱藏其內心活動的特有姿勢，許多人也會用假咳嗽來掩飾。如果說話的人採用這種姿勢，就表示他在說謊。

常用手搔脖子的人最常說「我不能肯定」之類的話，證明他對自己講的話缺乏足夠的勇氣；做事的時候，他們用手搔脖子，表明他們對這件事缺乏信心。有人在股票市場觀察過這樣一個女性投資客，在做出決定前的一分鐘，這名女性一直不停地用手搔脖子。

這足以證明在下決心之前，她的內心掙扎是多麼的激烈。

搔脖子是代表對某件事有所遲疑，至於不由自主地用手把嘴捂住，則是企圖阻止謊言出口。當孩子不願意聽別人教訓時，常常會用手把耳朵捂住，不讓這些自己不想聽的話進入自己的耳朵裡。

其實不僅僅孩子這樣，有不少成年人也是這樣。

心理學家認爲，遮掩嘴巴，是想隱藏內心活動的特有姿勢，許多人也會用假咳嗽來掩飾。如果說話的人採用這種姿勢，就表示他在說謊。

演說者最感到心亂的一種場面，就是在他演講時，聽衆幾乎都採用這種姿勢。若是聽衆人數很少或是一對一的情況，最好暫停一下，問一問聽衆是否有人對你的話有意見。這樣可以把聽衆的反對態度緩解開來，使你有機會斟酌演講內容，並且回答一些問題。

這樣的情況也經常發生，一個人向另一個人嘮嘮叨叨解釋一件事，而聽的人對此很不以爲然，於是扭轉身去，或用手捂住耳朵，或用手揉眼睛，或用手蒙住嘴。

不過，根據觀察，隨著一個人的年齡的增長，這種捂住耳朵、揉眼睛和蒙住嘴巴的動作會變得更加微妙、斯文和隱蔽。

這些動作，實際上是大腦企圖阻止「醜事」進入眼簾而做出的一種無意識表示。當人們看到不順眼的事物的時候，就會揉揉眼睛，也表示對這種事物的厭惡。

有時，一個人說謊的時候經常揉揉眼睛，有時也會低下頭，避開對方的眼睛。透過觀察孩子，這種說法還會得到進一步的印證。

瞬間看穿對方的心理

用手遮擋嘴巴，拇指壓著面頰，在無意識中，大腦暗示手做這樣的姿勢以壓制謊言從口而出。有時只是幾隻手指，有時整個拳頭遮住嘴巴，但流露的意思都一樣。

從行為看透一個人

行為是心理的展現，除非經過專門訓練，否則人的行為時時刻刻都能夠反映出一個人的真實個性。

從一個人的言行舉止，飲食習慣等可以看出他的個性特徵，甚至推斷出他的前途命運。根據觀察資料顯示，將眼鏡腳架靠近嘴邊或放進嘴裡的行爲，主要是爲了消除某種顧慮，或對某種問題進行思考，或藉故拖延時間。至於那些不戴眼鏡的人，他們也會用鋼筆、手指、香煙等東西代替。

人在戀愛、社交、穿著、消費、開車甚至穿鞋子等等行爲當中，都可能透露出許多重要的資訊。

我們發現，正在觀賞球賽時，一旦比賽氣氛非常緊張，人們的手掌會微微地滲出汗水，這種現象是自律神經的作用，表現了一個人的精神緊張程度。這種反應是理智無法掩飾的。

行爲是心理的展現，這一點還可以從手的表現上看出來。從「握手」、「易如反掌」、「袖手旁觀」等字句探討，可以發現，手是表現人際關係最有力的情感傳達方式，利用手與手的關係，或是手的動作，便能夠解讀出對方的心理，並且還可以不費事地將自己的意思傳達給對方。

此外，手腕的表現往往也具有某種含義。具有代表性的動作是「兩手抱胸」的姿勢，如此交叉的手腕比起平常自然下垂、擺動的手腕更顯得粗大。這些都可以透露出人們的心理活動。

另外，心理學家認爲，從一個人的讀書種類，也可以看出一個人的個性，主要可以分爲以下幾類：

- 喜歡讀愛情小說：是感情型的人，極端依賴直覺、生性樂觀，通常能很快地從失望中恢復。
- 喜歡讀科幻小說：是富有創造性的人，對科技感到迷惑，喜歡計劃未來。

- 喜歡讀時裝書籍：是注意自己身分的人，盡力改善自己在別人眼中的形象。
- 喜歡讀歷史書刊：是很有創造力的人，不喜歡胡扯、閒談，寧願花時間做有建設性的工作，也不願意參加社交活動。
- 喜歡讀自傳：是好奇心重的人，比較謹慎、野心大，在做出決定前一定會先研究各種選擇的利弊及可行性。
- 喜歡看漫畫書：愛好玩樂、個性無拘無束，不會把生命看得太沉重。

瞬間看穿對方的心理

言語可以真實地回憶過去，也可以信口雌黃，顛倒黑白，但行為就往往很難達到如此「境地」。粗魯的學文雅，難免「東施效顰」、「邯鄲學步」；高雅的人想粗俗，免不了暴露「廬山真面目」。除非經過專門訓練，否則人的行為時時刻刻都能夠反映出一個人的真實個性。

從眼神瞭解對方態度

在談話中，如果發現閉眼的姿勢，那就表示對方態度不好，如果能夠讓對方的眼神始終跟著自己轉，那就說明已經征服了對方。

最令人討厭的眼神恐怕是說話時使用閉眼的姿勢了。

研究表明，在正常交談的時候，一般是每分鐘眨眼六到八次，如果每次閉眼的時間持續到一秒鐘或更長的時間，有可能是說話者想暫時將談話的對象排除在視線之外。

這姿勢最後的結果就是閉上眼睛睡覺。

如果某人覺得比對方優越，就會做出這種閉眼的姿勢，有時還會傾斜地仰著頭看對方，語言行爲學家把這種姿勢解釋爲「看著自己鼻子」的眼神。

在談話中，如果發現閉眼的姿勢，那就表示對方態度不好，如果希望進一步有效的溝通，最好改變一下交談的方式。

最好的方式是控制住對方的眼神，如果能夠讓對方的眼神始終跟著自己轉，那就說明已經征服了對方。

閉著眼睛說話會令人感覺到傲慢，這不僅僅是一種有關禮貌的問題，有時還會使人產生誤解，壞了大事。在有些人身上，這種姿勢會不自覺地出現，目的可能是企圖把對方擋在視線之外，原因可能是感到厭煩，或不感興趣，或是認爲自己比對方優越等。

還有的人說話的時候有這樣一種習慣，就是「顧左右而言他」。

這樣的人心裡常想著其他的事情，或者對對方不夠尊重，或者是缺乏誠意等。如果發現他們並沒有別的意思，那麼可以判斷這樣的人可能就是一個內向型的思維者，很重視自己的內心世界，感情很豐富，因此常常放任自己的思想感情四處遊走。

瞬間看穿對方的心理

不看著你的眼睛説話或總是顧左右而言他的人，要不是世外高人，有自己獨到見解，就是自以為是的害群之馬。

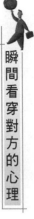

觀察飲食習慣，找出真相

從吃相可以觀察一個人的內心世界。只要仔細觀察，每個人的「吃相」都不盡相同，不同的吃相代表不同的個性。

吃東西不僅僅是爲了塡飽肚子，還是一種自我表現的重要方式。坐有坐相，站有站相，吃也有吃相。從坐相和站相中，我們可以瞭解人體傳達的某些資訊，從吃相當中，我們同樣可以看出人的某些個性。

好的吃相應該是不緊不緩、不慌不忙，不大嚼、不出聲，坐姿端正、頭部維持平衡，切忌暴食暴飲。

吃東西的時候不要說話，再重要的事情都要等吃完東西再說。嚼東西的時候要心平氣和，不要發怒圖快。

吃東西快的人經常狼吞虎嚥，這樣的人容易發胖，個性比較倔強；吃東西慢的人喜歡挑食，常常細嚼慢嚥，這樣的人通常比較瘦，個性也比較溫和。

有的人吃得很少，但是卻很胖，這種人的個性往往比較寬厚，心胸寬廣，消化吸收功能比較好；有的人吃得多，但是卻比較瘦，這種人的心境往往比較煩躁，經常碰到不順心的事情，吃什麼都不香，消化吸收功能不好。

上桌前坐立不安，左顧右盼，食物一上桌就猛吃的人，大多出身不好，少時家貧。這種人吃苦耐勞、踏實肯拚，對工作兢兢業業、任勞任怨。

有的人愛乾淨，對用餐環境和餐具的清潔有特殊的要求，即使一根魚刺掉在桌上，也要撿起放到碟子裡，以方便別人收拾。

這樣的人比較嚴謹，通常會稱讚別人所付出的努力，工作時有條不紊，講究整潔，生活很有規律。

有的人吃東西口味較重，食物一上桌就胡亂添加調味料，醋、醬油、辣椒，胡椒都要沾一點。這樣的人喜歡冒險，不願意平平淡淡過生活，做事常常不會考慮太多，所以往往比較輕率。

有的人一邊進食，一邊嘮叨不停，總有說不完的話。他們由於急於和人交談，吃東西往往比較快，以至於有時候來不及將食物吞進去。

這種人做事情通常比較性急，雷厲風行，不拖泥帶水，在與他人相處時，經常顯得咄咄逼人。

有的人吃飯時悶聲不響，很少與人搭話，多數情況是專心低頭吃飯，目不斜視。這類人大多個性孤僻或比較害羞，一般較爲內向，不善於人際交往。

有的人一吃完就離開飯桌，不等候同桌的其他用餐者。這種人喜歡獨來獨往，自視甚高，常常以自我爲中心，很少與自己瞧不起的人來往。

一個人吃相很貪婪，就證明他具有獨斷專行的個性；吃得很快，但又有選擇地進食的人，工作起來十分迅速有效率；關心飲食營養成分的人，喜歡吹毛求疵；如果一個人吃得很慢，他會是很好的組織者；進食時有規律休息的人，一定是認眞做事的人；沒有胃口卻仍然狼吞虎嚥的人，對於工作無精打采，態度冷漠。

瞬間看穿對方的心理

仔細觀察，每個人的「吃相」都不盡相同，就像世界上沒有兩片完全相同的樹葉一樣。不同的吃相代表不同的個性，這是不言而喻的。

看看吃相，就知道詳細情況

觀察飲食的愛好與習慣，將能夠有效歸納出人的特質與性格。例如貪吃的人往往比較貪心，他們在潛意識裡用吃來填補這種欲望。

俗話說：「蘿蔔白菜，各有喜愛。」有的人喜歡吃素，有的人喜歡吃葷，這似乎沒有多少道理可言。然而，最近美國的行爲心理學家透過研究發現，一個人的個性與口味有著很密切的聯繫。

• 喜歡吃米食

是不是喜歡米食，與出生的地域有一定程度的關係。如果先將這個問題摒除不談，在同樣的條件之下，如果一個人很喜歡吃米食，那麼這個人可能屬於自我陶醉、孤芳自賞型。他們對人對事處理都比較得體，比較能夠通融。但是，這種人互助合作的精神通常也比較差。

‧喜歡吃麵食

吃麵食也與出生地與生長的環境有一定的關係，但同樣摒除這個問題不談，如果一個人喜歡吃麵食，往往能言善道，喜歡誇誇其談，而且不會考慮後果和顧及所帶來的影響。這種人的意志不夠堅定，做事常常會半途而廢。

‧喜歡吃油炸食品

喜歡吃油炸食品的人，大多具有冒險精神，有闖蕩一番事業的願望，但是這種人抗壓性較差，一旦受到挫折就會灰心喪氣。

除了對於食物類型的偏好之外，飲食習慣也能顯現一個人的人格特質。有的女性比較喜歡吃東西，有的甚至一見東西就想吃，什麼東西都可以。這樣的女性很喜歡也很適合當個專職的家庭主婦，她們成天都在為吃而操心。貪心的人如果用吃來填補自己的欲望，倒也不失爲一個上上之策，總比讓他們攪的天下不得安寧得好。

極度貪吃的人看到食物就想吃，只要飯菜擺在桌子上，不管有沒有其他人在場，都會毫不客氣舉起筷子先吃爲快。只要有吃的東西，他們都會很開心，在飯桌上可以忘記一切。

由於喜歡吃，所以身體常常發福，原本很合身的衣服，到後來連釦子都扣不上了，對此他們也感到十分著急，但就是控制不了自己的食欲。有的醫生認爲這樣的人可能是患了精神性食欲過度的疾病。

很多調查資料顯示，這樣的人往往比較貪心。他們在潛意識裡用吃來填補貪心的欲望。這種人必須充分了解自己的人品和性格，進而找到一個更好的方法來化解潛在的心理需求。

瞬間看穿對方的心理

一個人的個性與口味有某種程度的關聯性，觀察飲食的愛好與習慣，將能夠有效歸納出人的特質與性格。

嗜甜男女享受生命

女人與男人一樣，在吃甜食的時候，也一邊體味著人生的真諦。甜美的食物是一個重要組成部分，憑此享受美好的生活。

中國有句成語「秀色可餐」，有的人很喜歡吃甜食，一見到甜食心裡就非常高興。他們認爲吃甜食就像與異性親吻一樣，所以說食色相通，這句話是有道理的。

甜食的性質溫和，能夠有效調整人的情緒。經常吃甜食的人，性情自然比較溫和。那些很容易狂怒的人如果多吃些甜食，脾氣就會漸漸轉好。

• 男人嗜甜——好色

很多女士都喜歡性情溫和的男人，道理其實很簡單，沒有一個正常的女人情願與一個凶狠的男人共同生活，男女之間無不希望過得甜甜蜜蜜，感情如膠似漆。愛吃甜食的男人性情溫和，經常能夠得到女性的青睞。當然，這種人也可能很會說甜言蜜語，因而獲得了女性的好感。

至於喜歡吃霜淇淋的男人，則有喜好追求女性的傾向。心理學家研究發現，男人在吃光滑細膩的霜淇淋時，就好像在親吻女性的蜜唇，這是一種移情的表現。古人曾把女性比喻爲「冰肌玉骨」，看來是很有道理的。

實事求是地說，喜歡女性並不是什麼罪過，但是如果超越了界限，或以此爲榮，這就很難說了。

如果有人以與女性偷情爲快事，這是非常危險的行爲。除了「慣犯」之外，一般的偷情者，常常都是膽顫心驚的。他們之間雖然也會產生歡樂，但是這種歡樂往往難以補償他們所受到的驚嚇。

• 女人嗜甜——純真

女人與男人一樣，在吃甜食的時候，也一邊體味著人生的眞諦。甜美的食物是一個重要組成部分，憑此享受美好的生活。

對於這樣的女性而言，甜食就像生活中的空氣和水，沒有甜食，她們的生活就會枯燥無味，焦躁不安。

喜歡吃甜食的女性往往孩子氣十足，只要稍不如意就會耍任性、鬧彆扭。這樣的女性常常想哭就哭、說笑就笑，給人天眞直率的印象。

如果希望請這樣的女性辦什麼事情，最好的辦法是採取誘導的方式。誘導的方式有很多，例如許願、引誘、激將……等等都可以，如果採用理性的方式試圖說服她們，可能會適得其反。

這種女性不大適合需要嚴謹工作態度才能做好的事情，她們比較適合從事演藝、時尚、服務這一類職業。

瞬間看穿對方的心理

喜歡吃甜食的人通常熱情開朗、平易近人，但是平時有些軟弱或膽小，缺乏冒險精神，做事情很難有所突破。

從用餐速度看行事態度

從進食的速度能夠清楚分析人格特質與行事風格。吃飯速度快的人往往比較俐落急躁，細嚼慢嚥的人則較為溫和細膩。

「男人吃飯如虎，女人吃飯如鼠」是中國的一句古話，意思是說，男人吃飯很快，女人吃飯很慢。當然，就男女對比而言，這是比較準確的。但事實上，同是男人或同是女人，吃東西也有快慢之分。

•狼吞虎嚥——看重結果

有的人吃東西就像參加體育競賽，不管在什麼場合都要比別人快許多，特別是在人少的情況之下，吃東西更是狼吞虎嚥，在其他人還沒吃幾口的時候，就結束了「戰鬥」，離開餐桌。這種人常常只關心自己是否吃飽，至於飯菜的味道與品質則不是他們關心的重點。一般來說，吃飯快的人，做事也很快，這與現在世界快節奏的潮流正好合拍。

有這種飲食習慣的客人經常會讓請客的主人措手不及，因爲菜都還沒上完他們就已經吃完了。主人有時會被這些慌亂惹得心情不愉快，但多數的情況下會被他們的乾淨俐落沖淡。因此這種人儘管吃東西比較快，但精明能幹、生氣活潑，還是能夠給人留下十分深刻的印象。

吃飯很快的人認爲，吃飯與汽車加油一樣，爲什麼要慢吞吞的呢？既然汽車加油的過程沒有必要變換花樣，那麼吃飯爲什麼要變換花樣呢？

這種人在上司面前往往比較吃得開，這是因爲很多上司都比較看重結果而不太重視過程，因此通常比較喜歡這種很快就可以得出結果的人。因爲，只要能夠達到目的，過程越簡單越好，不需要太複雜。

吃飯很快的男人往往會是工作狂，做起工作來常常像是不要命了一樣，總想儘量在最短的時間內完成自己該做的事情。當然，這種人的手中經常有做不完的事情，而手裡一旦有一件事情做不完，他們就會感到心緒不寧，非得要完成不可。

吃東西快的男人通常是屬於貓頭鷹型的人，總喜歡開夜車。做這種人的妻子大多很辛苦。他們爲了成就自己的事業，對於妻子或家庭很少付出關心，所以他們經常出現家庭問題。

這樣的人應該注意自己的身體，留意工作與休息的平衡關係，特別要關心自己的妻子、照顧好家庭，而且吃飯的速度最好不要過快，因爲這不合乎健康的要求，對身體將帶來負面的影響。

•細嚼慢嚥——善於應酬

有的女性吃飯特別慢，面對豐富的或者簡單的飯菜往往不動聲色，先細細打量桌子上的食物，再慢慢地準備好餐具，或只是靜靜地坐著，有時先爲自己準備一杯飲料。經過一番周全的準備工作之後，她們才開始吃飯，而且吃得非常仔細，就像在欣賞藝術品。

對這樣的女性而言，填飽肚子是次要的目的，吃的過程才是重要的環節。這種人正好與吃飯很快的人相反。

這樣的女性往往比較善解人意，因爲她們會把品嚐食品的功夫應用到生活當中，讓生活變得十分細膩。

她們能夠很準確地洞察對方的內心世界，一般來說，女性的第六感高於男性，這種女性的第六感更是當中的佼佼者，比較適合從事外交、公關等方面的工作。

作爲家庭成員，做菜是她們的拿手好戲，會將簡單的食材變化出很多花樣，也會讓整個家庭和諧美好。

細嚼慢嚥的女性有辦法把身邊的事情安排得有條不紊，是典型的賢妻良母。一個男人如果娶這種女性爲妻，可謂三生有幸。

瞬間看穿對方的心理

從進食的速度能夠清楚分析人格特質與行事風格。吃飯速度快的人往往比較俐落急躁，細嚼慢嚥的人則較為溫和細膩。

過與不及，都不是好事

過與不及都不是好事，保持良好的飲食習慣、定時定量不過度挑剔，才能維持身體的健康，同時心境也會隨著平和開朗。

吃飯是一件大事，千萬不要小看吃飯的重要性。

然而，有的人對飲食比較隨便，常常早一頓、晚一頓，或飽一頓、餓一頓。之所以出現這種狀況，有時候是因爲懶惰，或是因爲過於忙碌，但不管是什麼原因，都是不正常的表現。

女性在這方面的狀況，似乎特別嚴重。

飲食不規律的女性往往憑著情緒處理事情，生活的彈性很大。這樣的人不會太守時守約，如果邀請她們赴宴，她們至少會遲到個幾十分鐘，甚至更久；

委託她們辦事，往往需要多加叮囑，每隔一段時間就要提醒一次，否則她們會忘得一乾二淨。

飲食隨便的女性通常比較任性，往往以自我爲中心，一般不會太顧及別人的感受。但這是指她們在日常生活中的表現，在工作中則會是另一種樣子。

對於上司安排的工作，她們會盡力去完成。這樣的女性不屬於享樂型，所以在常常拚起來就不要命，因此能夠得到上司的青睞和重用，具有女強人的特質。

飲食隨便的女性大多很有個人特色，她們很少把心思放在飲食上，只是在心頭想著更重要的事情，因而對飲食顯得不怎麼講究。

相反地，有的女人就非常挑食，這也不好，那也不吃。明明很多東西吃了其實也無所謂，但她們就是要挑三揀四。

挑食是一種選擇的過程，經過如此長期的鍛鍊，這方面的能力就會逐漸發展起來，因此這樣的女性第六感往往很發達，常常憑著直覺判斷事物。

挑食的女性有比較強的鑑別能力，無論是對人還是對物，她們都有一套選擇的標準。這樣的女性通常不會買劣質品，會挑價廉物美的東西購買。

這種女性有比較豐富的食品知識，舉例來說，動物的內臟不應多吃，除了不喜歡腥味之外，高膽固醇含量是主要原因，吃多了對心血管將帶來不良的影響，挑食的女性甚至會舉出例子說，英國柴契爾夫人就不吃動物的內臟。

她們在吃的方面有很多忌諱，有時候可能是因爲太講究衛生，有蟲的不乾淨不能吃、沒蟲的撒了農藥不能吃，她們還認爲油炸的食品不能吃、加糖的食品不能吃、含鹽量高的食物不能吃、隔夜的食物不能吃等等，但眞的有這麼嚴重嗎？

雖然她們這一連串的顧慮，很多都是有科學依據的，例如她們知道長期使用鋁製品會導致老年癡呆症，但如果有一天科學研究證明，各種器都會引起某種疾病，那麼是不是要用手抓取食物呢？

如果一個人到了什麼都害怕的地步，還有什麼創造性可言？

這種人很適合當醫生或是從事餐飲業，可以成爲這方面的行家，但是在發明創造方面就可能稍嫌不足。因爲對這個世界實在是太挑剔了，充滿了各種危機感，因此很難有所創新或是突破。

我們可以透過這種方法瞭解一個人的個性，但是並不主張養成挑食的習慣。如果有這種習慣應該儘量改正，飲食習慣改變了，挑剔的個性也會跟著變化。

過與不及都不是好事，保持良好的飲食習慣、定時定量，不過度挑剔，才能維持身體的健康，同時心境也會隨著平和開朗。

瞬間看穿對方的心理

飲食隨便的女性通常工作十分賣力，但以自我為中心，不太顧及別人的感受。挑食者則對這個世界太過於挑剔，充滿了各種危機感，因此很難有所創新或是突破。

男性的飲食與性格特質

喜歡吃水果的男人往往從別人的言語和行為中察覺出一般人難以發覺的言外之意，就好像能夠從甜甜的蘋果中，體察出一絲絲的酸味。

從男人的飲食習慣與愛好，能夠進一步認識他們的個性與思考模式。

• 挑食——個性固執

從科學的角度來說，挑食是一種不好的行爲，每一類食物均衡攝取才能獲得身體所需的各種營養。

挑食的人喜歡挑肥揀瘦，這也不吃那也不吃。他們不是因爲吃了這些東西會讓身體變得很好或是很壞，往往是心理作用的影響，慢慢慣出壞脾氣。

這種男人往往比較固執，他們會爲了某些一點都不值得爭論的事情與人爭得面紅耳赤。在一般人眼裡那些事沒有什麼太大的價値，但他們卻認爲至關重大。

他們有一個一般人沒有的優點，就是較強的選擇能力，心思往往比較細膩，凡是經過精心挑選的東西，無論是職業、房子、情人或是妻子，通常都會很不錯。完美主義很累，這是很多心理學家都反覆指出的事實。世界上很少有絕對完美的事情，挑食的男人往往追求完美，也經常被完美所累。

• 愛喝湯——生活被動

有的男人因爲酒力不如人而感到慚愧，所以他們不斷地喝湯，利用這種方式來掩飾自己酒力不如別人的事實。

這樣的男人，不光在酒桌上如此，在生活中也是如此，他們常常認爲自己矮人一截。這種自卑感在人際交往、爲人處世方面會不時表現出來，正因爲如此，這樣的男人常常與機會擦肩而過，最終一事無成。

在愛情方面，愛喝湯的男人好像也很不順利。他們雖然渴望愛情，也擁有令人羨慕的財富和地位，但是由於總是常常處於被動的地位，所以最終不得不成為「被愛情遺忘的角落」。

湯其實是個好東西，很多營養都溶解在裡面，但卻總是讓人視為副餐。喜歡喝湯的男人與湯一樣，往往被別人看成次品。這種人喜歡繁華落盡的寧靜，喜歡一天工作之後回到屬於自己的個人天地裡。

愛喝湯的男人有一點特別值得留意。從外表看，他們的個性內向、不善言詞，因此一般人不會對他們有所猜忌，但事實上，他們經常會在暗中盤算著別人，因此，有時候這種人會突然脫穎而出。

• 愛嗑瓜子——心情寬鬆

愛嗑瓜子的男人，通常肚量比較大、心情比較寬鬆、言行比較隨意，屬於和善且又經常面帶微笑的人。

心理學家們研究指出，笑容是一種高投資報酬率的感情投入，投入越多，收穫就會越多。對於笑容有很深體會的人一定懂得這個道理，所以他們常常逢人便笑，往往得到很多善意的回應。

笑所表達的意思難以用語言表達，對人嫣然一笑，即使是很複雜的想法也可以表達得淋漓盡致。因此，一個人能夠笑口常開，就會向人們顯示他們樂天安命，知足常樂。笑容就如同門上掛著的一束橄欖枝，向人展現和善與友好。

一般來說，友好的笑容是不會得罪人的。嗑著飄香的瓜子，時而輕輕地微笑，時而開懷大笑，自然能將愉快的感情傳遞給他人，更爲有益的是，能夠因此留給對方深刻的印象。

笑是一種自信的表現，可以表示胸有成竹，也可以表示歉意的解嘲。笑可以化腐朽爲神奇，建立起人與人之間的心靈橋樑。愛嗑瓜子的男人常常以笑聲去征服別人，讓對方在毫無壓力的情況下產生敬畏之情。

•愛吃水果——好悟性

研究顯示，喜歡吃水果的男人愛聽奉承恭維的話。

這樣的人往往很敏感，能夠很隨意從別人的言語和行爲中察覺出一般人難以發覺的言外之意，就好像能夠從甜甜的蘋果中，體察出一絲絲的酸味。

他們常常會把別人的忠告或善意的教誨進行加工分析，看看是否別有用心。這種人會很認眞地聽取別人的意見，但是並不等於他們會聽從。

他們很理性，通常不會憑著第一印象評價一個人，也不會憑著直覺判斷是非曲直。不管對方給他們留下多好的第一印象，都不會很簡單地相信別人，要看對方是否有眞才實學，是不是能夠有所建樹，如果答案是肯定的，他們才願意相信。

這種人不能容忍重複犯錯，如果自己出錯，第一次可以原諒，第二次就不能容忍。對於別人也是如此，只給人一次犯錯的機會。

此外，愛吃水果的男人通常會得到上司的青睞，升遷的機會頻繁。他們懂得見風轉舵，瞄準機會向上攀登。這種人適合在仕途上尋求發展。

瞬間看穿對方的心理

挑食的男人往往比較固執，喜歡喝湯的男人比較被動，愛嗑瓜子的男人通常肚量比較大，愛吃水果的男人懂得見風轉舵……，從男人的飲食好惡可以解析他們的心理特質。

女性的性格與口味密不可分

不論是重口味還是愛吃零食，女人在口味與個性上的統一，就建立在這兩個飲食特質之上。

大部分女性在飲食方面帶給人兩種印象：重口味與愛吃零食。這兩種飲食習慣正反映出女人的心理特質。

・重口味

有的女性喜歡吃很鹹、很辣，或是很酸的東西，這就是人們常說的重口味。一般而言，這種女性具備了女性的風韻，也擁有男性的勇毅；既有女性的柔情，也具備了男性的果敢。

根據資料顯示，口味重的人待人接物都比較穩重，對人有禮貌，做事有計劃，大部分喜歡埋頭苦幹，但是不太重視人與人之間的感情，有時還顯得有點虛偽。

喜歡吃酸的人比較有事業心，但是個性孤僻、不善交際，遇事喜歡鑽牛角尖，很少有知心朋友。

在她們的心目中，不喜歡林黛玉的「一年三百六十日，風刀霜劍嚴相逼」，也不喜歡王熙鳳那種「明是一盆火，暗是一塊冰」，她們往往敢作敢為，還會成天迷戀著幻想中的白馬王子。

這種女性愛恨分明，她們可以放聲大哭，也可以朗聲大笑；她們會為古人落淚，也會為社會的不平而大聲吶喊。這種女性有女人的溫柔，也有男人的雄渾，十分可愛。這是口味與個性的統一。

口味重的女性善於思考，比較有主見，常常是吃軟不吃硬，但有時喜歡挑剔別人身上的小毛病。

• 愛吃零食——心直口快

有的女性非常喜歡吃零食，只要是她們醒著的時候，嘴巴就不會停下來，常常是一邊說話一邊吃東西。

因爲常常邊吃邊說，所以這樣的女性往往話比較多，但是她們都是有口無心、爲人正直、值得信賴，但卻又總是口無遮攔，給人一種心直口快的印象。

這種不停吃東西的行爲，其實是一種孩子氣的表現，所以有些男人認爲女人就像個孩子。但另一方面，男人也認爲，愛吃零食的女人視野比較狹窄，不能參與激烈的競爭。不論是重口味還是愛吃零食，女人在口味與個性上的統一，就建立在這兩個飲食特質之上。

瞬間看穿對方的心理

男人與女人的飲食習慣大不相同。大部分女性在飲食方面帶給人兩種印象：重口味與愛吃零食，這兩點與女人的性格特質息息相關。

愛喝咖啡讓人自命不凡

愛喝咖啡的人總是擺出高高在上的姿態，他們的周圍是人緣的沙漠，很少有人願意輕易涉入其中。

喜歡喝咖啡的人往往很重視情調，但言辭卻咄咄逼人，好像只有自己才是英雄。由於他們蔑視一般人且極度自信，所以也不被常人理解。按理說，這樣的人有能力取得更大的成就，但是因爲他們的自命不凡，所以經常會失去競爭的機會。一旦失意就會怨天尤人，感嘆「世態炎涼，人心叵測」。

這種人最大的弱點，就是一輩子只能生活在自己的圈子裡。他們無論面對什麼人，總是擺出高高在上的姿態，不能低頭與人親近。即使是好朋友、好同事乃至於夫妻之間，這種傲視一切的神態也不會有什麼太大的改變。

這種人喝咖啡就像有酒癮一樣，只要喝下一杯咖啡，他們就會滔滔不絕地發表自己的高見，根本不管聽衆是不是願意聽。有人認爲，這種人的周圍是人緣的沙漠，很少有人願意輕易涉入其中。

美國範德比爾特大學的馬丁教授認爲，咖啡中含有許多對於大腦健康有益的成分。馬丁教授透過將近二十年的研究證實，每天喝二到四杯咖啡，對大腦有益。完全不喝咖啡的人，比適量喝咖啡的人更有可能罹患大腦方面的疾病。除了能夠預防疾病，咖啡中的咖啡因還能啓動中樞神經系統，可用於製造長效鎮痛物質，治療困倦、傷風感冒、哮喘和水腫。

馬丁教授之所以認爲咖啡是大腦的好朋友，還有另一層原因，那就是咖啡能夠預防癡呆。咖啡中含有抗癡呆症的物質，這種物質能夠減少有害物對於身體的影響，有助於防範一些疾病。雖然結論讓我們頗感意外，但卻是一個好消息。

咖啡還有很多其他正面的功用。咖啡中含有大量維生素，這些維生素是幫助大腦學習與記憶的能手。科學家進行的實驗顯示，如果老鼠飼料中缺乏維生素

B1，牠們就會出現被動迴避反應能力喪失，其中五十%的老鼠會喪失記憶能力。如果及時補充維生素B1，牠們的記憶力就能夠快速恢復。如果缺乏維生素B1，動物體就會主動抑制「乙酰膽鹼」的合成，進而影響到學習與記憶能力。

荷蘭科學家曾經做過一項試驗，試驗前讓受測者喝下含有三十二毫克咖啡因的咖啡，實驗證實受測者的閱讀速度提高，頭腦也變得更加清醒。所以如果想要刺激大腦記憶體運作的速度、提高工作效率，最好提前半個小時喝一杯咖啡。但是，咖啡不能喝得過多，否則會產生依賴反應，久而久之還會成癮。一旦上癮，想要戒掉可就不容易了。

瞬間看穿對方的心理

愛喝咖啡的人，與其說他們在喝咖啡，倒不如說他們在品嚐人生的苦味。這樣的人往往自視甚高，自認為看透了人間種種，不太能夠客觀、實事求是地評價自己。

邊吃邊說，是一種不尊重

不管是多高深的見解，多華麗的詞藻，如果在不恰當的場合，對著不適當的對象發表高論，到頭來只會以失敗告終。

吃東西的時候不講話，已經成爲人們約定俗成的習慣，中國就有「食不言」的說法。如果因爲日理萬機而必須在飯桌上談公事，那自然另當別論，但即使必須在進餐的時候談話，也不要講得太多。

有的人經常把飯桌當成會議桌，一坐到飯桌上就特別愛說話。面對一道道香味四溢的的佳餚，其他人都希望能夠立刻舉箸開食，但這種人卻打開了話匣子，開始高談闊論，即使大家都沉默不語，沒有人搭話，他也沒有絲毫收斂。

這種人好出風頭、好高騖遠，大都比較浮華，表裡不一，經常給人一種不舒服、不可靠的感覺。

中國人特別不喜歡在吃東西的時候講話，制定過許多規矩，其中就有「食不言，寢不語」，要求人們在吃東西的時候不要說話。中國人認爲吃東西的時候就該專心吃東西，該講話的時候才要講話，如果一邊吃東西一邊講話，就會影響別人進食，對別人是一種不尊敬。

一般人在說話的時候都很在意聽衆多寡，但喜歡在吃東西的時候講話的人通常是不管有沒有人聽，都會喋喋不休地說個不停。

事實上，不管是多高深的見解，多華麗的詞藻，如果在不恰當的場合，對著不適當的對象發表高論，到頭來只會以失敗告終。

但是，這種人有著比較聰明的頭腦，而且非常善於揣度女性的心理，對於女性的興趣和愛好，他們經常能摸得一清二楚，並隨時隨地給予最大限度的滿足。在女性面前，大多很受歡迎。

由於這種人愛表現，所以成功的機會也比較多。

他們的運氣似乎也特別好，一步一個台階，一年登上一個層次，好運幾乎每年都光顧他們。這種人的仕途順利，總是在短時間內就走完其他人幾十年才能走完的路程，令人羨慕。

瞬間看穿對方的心理

對吃東西的時候喜歡講話的人而言，很多來得容易的東西，往往去得也很容易，因為他們浮華的個性，必然會導致大起大落。「無名無利過殘生，冷冷清清無人問」，經常是這種人晚年淒涼生活的絕妙寫照。

獨自進餐的男人自尊又固執

他們不與陌生人同坐一桌，人多的時候，即使有空位也寧願站著不跟別人坐在一起。這些都充分地表現出他們的固執和高度自尊心。

在集體進餐的餐廳中，我們可以透過進餐的方式判斷一個人的個性。

有的人總是晚幾十分鐘進餐廳，這時的餐廳裡往往人比較少，但是他們依然覺得那些寥寥無幾的進餐者影響了進餐的安寧。在這種人的潛意識裡，覺得吃飯就像床笫之事一樣，純粹是個人的事情，希望能夠儘量避免受到打擾。

在可能的情況下，他們絕對不會與陌生人同坐一張桌子。在人多的時候，即使有空著的座位，他們也寧願站著不跟別人坐在一起。奇怪的是，如果他們「不幸」與別人坐在一起，偶爾發現別人碗裡有跟自己相同的菜，他們也會食欲大減，有時甚至不吃。這些都充分地表現出他們的固執和高度自尊心。

這種人最喜歡的活動是垂釣，可以兩眼盯著波紋不動的水面，聽著草中的蟲鳴，看著水裡的浮標，一待就是好幾個小時。他們其實不是在釣魚，而是與大自然進行無聲的交流，靜靜地傾聽天籟之聲。

在人際關係方面，他們常常分得很細微。在家庭裡面，是十足的模範兒子、模範丈夫、模範父親等等。他們對每一個家庭成員的各個方面，可以說是關懷備至。他們在家裡面很有權威，在社會上得不到的東西，在家庭裡全部可以得到滿足。因此，這樣的男人是當丈夫的最佳人選，但當公眾人物就不太適合了。

瞬間看穿對方的心理

獨自進餐的男人最害怕的事情就是與人交往，他們不願或不敢當眾說話，正因為如此，往往也不善言辭。一般人覺得比較有趣的話題，他們卻覺得很乏味，因此很少去參與集體活動。

PART 4

「扮相」比長相更重要

不同社會背景對服飾的要求有所不同，俗話說「人配衣服，馬配鞍」、「三分長相，七分打扮」，相當有理。

抓住最合適的空間距離

陌生人之間總是保留一定的空間距離，不同的國家有不同的距離，不同的人種有不同的習慣，不需強求，也不可嫌棄。

在社交場合，人們常會發現這樣的現象：一個日本人與一個英國人在大廳裡交談，談話過程中，只見英國人不斷地往後退，日本人卻不斷地往前走，到了最後，日本人形容在圍著英國人轉圈子。爲什麼會發生這樣的情況呢？

英國人的後退，是爲了自己的個人空間不受侵犯，日本人的往前走，則是爲了調整他自己的個人空間。換句話說，英國人需要的個人空間比較大，日本人的個人空間相對較小。因此，英國人不斷試圖拉開彼此之間的距離，日本人卻在不斷地縮小兩人之間的距離。

不同文化背景對空間的要求是不相同的，行爲語言學家研究發現，日文沒有「獨處」這個詞。不能說日本人沒有獨處概念，但他們的理解卻與英國人不同。

日本人認爲，獨處存在於自己的家中，他們把這一片地方當作是自己的領地，不容許其他人任意侵入。但在公共場所，卻會不斷地往他人的面前靠，足以證明他們的空間概念與西方人明顯不同。

和日本人一樣，阿拉伯人也喜歡與人靠得近一些，即便擁有相當寬廣的個人空間，阿拉伯民族仍喜歡全家人擠在一起，不喜歡獨處。

阿拉伯人的空間距離小，日本人的空間距離也小，但他們之間仍存在明顯區別。阿拉伯人喜歡親近自己的夥伴，感受對方的體溫和氣味，在阿拉伯人眼裡，嫌棄他人身上的氣味是非常無禮的行爲。

日本人也喜歡親近他人，但他們的親近仍保持著一種禮節，態度一般較客氣、冷淡，不輕易超過界限。

在公共場所，美國人有許多界限，即使像排隊購物這樣的事情，他們也認爲自己所處的位置神聖不可侵犯。但在阿拉伯人的認知裡，公共場所根本沒有所謂的個人空間存在。即便其他人已經排好了隊，阿拉伯人還是會毫無顧忌地往裡擠，他們認爲自己有權利這麼做，不認同那是必須被禁止的錯誤行爲。

中國人的個體距離只有西方人的一半，只需隔著一張書桌，就可以各人做各人的事情，不感到拘束。由於人體距離比較近，所以許多中國人認爲並不隱秘的事情，看在美國人眼中，卻認爲是個人隱私，不容窺探。中國人多認爲西方人不夠友好，顯得疏遠，就是因爲這個原因。

陌生人之間總該保留一定的空間距離，不同的國家有不同的距離，不同的人種有不同的習慣，不需強求，也不可嫌棄。

瞬間看穿對方的心理

每個人都有個人的心理空間，會習慣性地把自己圈定在這個空間氣場裡。

一般情況下，這個空間不能讓他人隨便侵犯。

善用印象，達到加分影響

在社交過程中，害人之心不可有，防人之心更不可無。要告誡自己具備一定的設防意識，即建立「設防心理」。

在日常生活中，我們每天都需要與人進行交流。掌握一定的交際心理方法，將可望從衆生中脫穎而出，成爲受到注目的焦點人物。

以下幾點，值得注意：

- 首因效應

首因效應是交際心理中較重要的名詞，在人際交往中對人的影響較大。人與人第一次交往中留下的印象，在對方的腦海中佔據主導地位，這種效應就爲首因效應。

我們常說的「給人留下好印象」，一般所指就是第一印象，與首因效應相關。因此，在交友、求職等社交活動中，可以利用這種效應，在他人心中留下極好的第一印象，爲以後的交流打下基礎。

‧近因效應

近因效應與首因效應相反，是最後一次見面給人留下的印象，這個印象在對方的腦海中也會停留很長時間。對於多年不見的朋友，印象最深的，必定是臨別時的情景，這就是近因效應。一個朋友總是惹你生氣，可是談起原因，大概只能說上兩三條，也是近因效應的表現。

利用近因效應，在與朋友分別時，給予眞誠的祝福，將能有效美化自己的形象，進一步產生「光環效應」。

‧光環效應

一旦對某個人有好感後，就會很難感覺到他的缺點存在，好似有光環圍繞著他，這種心理就是光環效應，所謂「情人眼裡出西施」，正是同樣的道理。

光環效應有一定的負面影響，在這種心理作用下，你很難分辨出好與壞、真與偽，容易被人利用。

所以，在社交過程中，害人之心不可有，防人之心更不可無。要告誡自己具備一定的設防意識，即建立「設防心理」。

・設防心理

兩個人獨處的時候，不時地會有些防範心理，人多的時候，你會感到沒有自己的空間，不確定自己的物品是否安在，就是「設防心理」。

瞬間看穿對方的心理

設防心理在交往過程中會產生一定的負面作用，阻礙正常的交流，因此必須加以控制，不可過分。

小心嫉妒的殺傷力

與容易嫉妒的人相處，應該實事求是，是什麼就說什麼，最好以兩點論，既指出光明的前途，又提醒曲折的道路。

這裡所說的嫉妒心，與我們平常所說的嫉妒心不同，是對不公平待遇的不滿，爭強好勝的心態。

嫉妒心是一種不好的心態，但是有的人不是嫉妒他人的才能，而是嫉妒他人「成功」，覺得他人的功勞和才能明明都不如自己，地位卻在自己之上，感到強烈不滿，因此產生出嫉妒心。

一般來說，這樣的人個性比較開朗，行為光明磊落，志向比較高遠，很有開拓精神，凡事都想出人頭地。他們有很大的決心和很敏銳的洞察力，從來不會輕意地說出「失敗」兩個字，容易成爲成功者。

但是，他們往往好大喜功，急於求成。特別是當取得成功以後，往往需要馬上得到報酬，否則就會牢騷滿腹，到處攻擊那些功勞沒有自己大，所得報酬卻比自己多的人，最後導致身敗名裂。

與容易嫉妒的人相處，應該實事求是，是什麼就說什麼，最好以兩點論，既指出光明的前途，又提醒曲折的道路。如此，有助於獲得他們的信任。

瞬間看穿對方的心理

嫉妒，可以是一種驅動自己向上的力量，但如果過分氾濫，將會產生嚴重不良影響，危及個人心理健康與人際關係，不可不慎。

「扮相」比長相更重要

不同社會背景對服飾的要求有所不同，俗話說「人配衣服，馬配鞍」、「三分長相，七分打扮」，相當有理。

服飾有三大功能：蔽體、禦寒和展示。前兩者屬於生存需要，後一種則可以反映出一個人的性別、年齡、民族、職業、愛好、個性，價値觀等。梳妝打扮，塗脂抹粉，與服飾一樣，足以充分表現一個人的內心世界。好好地梳妝打扮，可以美化自己，表現自己的想法，在一些特定場所，還可以幫助實現交際目的。

俗話說：「什麼將軍打什麼旗號，什麼老者戴什麼帽。」不同的人，穿衣戴帽是有區別的。一般來說，男士服裝的特點是威嚴莊重，款式相對穩定，因爲傳統觀點認爲，有見識的人最好能避免在服飾上標新立異。

女性的服裝，主要著重於突出自身體型的魅力以吸引異性，因此合身的衣裙在女性之間相當流行，認爲是美的表現。當然，不同社會背景對服飾的要求也有所不同，國際上有一個普遍通行的原則，簡稱爲「TOP」。

「T」指的是時間，要求隨季節和氣候的變化決定穿著，不能不顧及社會規範，只強調個性，追求新奇。

「P」指的是地點，要求穿衣戴帽應與地區和場合相適應，不分地點場合亂穿衣服，有違社會規範。

「O」指的是對象和目的，即將見到的對方是什麼人，出於什麼樣的交際目的，都必須釐清，以此決定對穿衣戴帽的選擇。

俗話說「人配衣服，馬配鞍」、「三分長相，七分打扮」，相當有理。

下面是有關穿衣的經驗總結：

1. 喜歡穿超越社會時代的衣飾，內心多有優越感。

2. 喜歡穿寬大衣服的人，具有個人表現欲望。

3. 喜歡打純色或華麗色調領帶的人，自信且自傲。

4. 喜歡樸素衣著者較能順應社會，但比較缺乏個性。

5. 喜歡整體樸素，但某一部分比較講究者，表面看起來相當順從，內心卻有自己的看法主張。

6. 明明知道服裝不適合自己，仍拚命追求的人，實際上相當孤獨。

7. 不關心流行服飾的人，個性強硬，但可能有些自卑，缺乏靈活性。

8. 服裝「一天一個樣」的人，情緒不穩定，有逃避現實的傾向。

9. 若服裝突然改變，多代表心理也發生大轉變。

瞬間看穿對方的心理

美國前總統卡特很喜歡穿牛仔裝，即使出席白宮會議也一樣，說明他率性坦然。而耐人尋味的是，不少黑手黨人喜歡穿藍色粗條紋西服，因為這種顏色表示安定，深刻反映出本能上對安穩生活的渴望。

從化妝的用色看性格

橙色的唇膏給人温柔、親切的感覺。喜歡這種顏色的女性能夠自我控制，具有優秀的判斷力，以職業婦女居多。

從一個女性化妝時所喜歡的顏色，也可看出隱藏的個性特點：

• 粉色

粉色是最能表現純情和女性之美的顏色。

第一次約會時使用這種顏色唇膏的女性較多，喜愛這種顏色的女性擅長讓男士喜愛自己，對戀愛抱有很大的期待，即使平時寡言、不顯眼，一旦陷入戀愛，便會發生大膽的變化。

• 紅色

紅色唇膏使嘴唇更為突出，充分表現成年女性的風韻，沒有自信的女人，多半不會使用這種顏色。

・橙色

橙色的唇膏給人溫柔、親切的感覺。喜歡這種顏色的女性能夠自我控制，具有優秀的判斷力，以職業婦女居多。

她們在戀愛方面，具備獻身精神，在家庭中可成為賢妻良母，可一旦被對方背叛，則可能產生強烈的報復欲望。

・褐色

這種顏色有種沉穩、安靜的魅力。喜歡此顏色的女性，多對自己的感覺抱有自信，能使化妝和服裝漂亮地搭配在一起。對流行相當敏感，對工作和戀愛的自我要求都很嚴格，能採取冷靜的態度看待、評估事物。

此外，對男性有敏銳的觀察力，理想較高。

・紫色

自我表現欲望很強，期望展現出被修飾過的自己。

一般化妝較濃，在髮型和服裝上也著重引人注目。重視自己的個性，不喜歡平凡的生活方式，給人難以接近、不易被引誘的感覺，但是另一方面也具有讓男性喜愛的不可思議魅力。

- 珍珠色

喜歡用此顏色的女性，自我主張明確，有個性和熱情，希望坦率地面對自己的欲望，自由地享受生活，想做什麼就勇敢去做，不刻意隱藏。

在戀愛方面，討厭受男性束縛，期待冒險，很有主見。這類型女性很多易被比自己年少的男性所吸引。

瞬間看穿對方的心理

透過對化妝品顏色的選擇，女性會不自覺地表現出自己隱藏的個性或潛意識，非常值得男性注意。

觀察首飾，也是了解人的好方式

身上掛著成串的紅寶石、綠翡翠，實際上全是贗品。這種人把自己的外貌放在非常重要的位置，也可能對生活要求甚高，但實力欠佳。

美國紐約知名心理學家伊莉尼醫生認爲，透過觀察女性佩戴的首飾，不僅能看出她的愛好和眼光高低，還可以反映出她的個性。

• 金首飾

全身戴滿了金戒指、金耳環、金手鐲、金項鍊的人，往往頗有自信心、個性外向，並對人友善。如果只有少許金首飾，如一對耳環、一條項鍊，或只是一只金錶，則說明有欣賞好東西的品味，但不太外向，相當注意對自己的約束，不是一個態度隨便的人。

・銀首飾

喜歡戴銀首飾的人，相當注重秩序，做事喜歡按照事先制定好的規則，尤其是每天必須進行的例行工作，而不喜歡突然使人驚奇。

・家傳首飾

有些女性喜歡配戴家傳首飾，如舊手鐲、舊式耳環和戒指，或古老的胸飾，而不去買現代的首飾，身上絕無新潮的飾物。這類型的女性多半熱衷家庭、忠於家人，對朋友也非常忠誠。

・誇張的首飾

喜歡戴很大的首飾，比如大耳環、大胸針、大顆的彩色假寶石等，大多是無憂無慮者，很有幽默感，喜歡在眾人中突出自己。

她們大多受人歡迎，也樂於助人，能與人和睦相處。

・藝術品首飾

有人喜歡買手工做的首飾，或是自製的飾物，每件都要求與眾不同。這類人具有創造性，如果向文藝、戲劇方面發展，會有相當不錯的成就。

• 宗教飾物

有人喜歡配戴小十字架或其他具宗教意味的小飾物，這種人有深切的內在力量，對自己的素質引以爲傲。爲人實際，不擺架子，不僅不希望有炫耀成分的飾物出現在身上，更不願意佩帶假首飾。

• 假首飾

身上掛著成串的紅寶石、綠翡翠，看起來漂亮，實際上全是贋品。這種人把自己的外貌放在非常重要的位置，也可能對生活要求甚高，但實力欠佳。

瞬間看穿對方的心理

首飾是一個人用以表現自我、肯定自我價值的方式。可以說，那些喜歡佩戴名貴首飾的人，儘管自傲，卻也是相當自卑的。

西裝筆挺展現一絲不苟個性

男人需要氣質，應該展現出瀟灑的味道。喜歡西裝的男人懂生活、重品質，同時也比較墨守成規。

西裝的造型端莊、瀟灑大方、舒展適體，在世界各地都相當流行。有的男性對西裝比較喜歡，常常都是西裝革履。之所以如此，是他們認爲西裝比較有品味，最能夠表現自己的身份和地位，以及陽剛之氣。

對於穿衣，法國人有這樣一句名言：「該穿什麼，就穿什麼。」與中國諺語「是什麼將軍打什麼旗號，是什麼老者戴什麼帽」如出一轍。

喜歡穿西裝的人，對此堅信不疑，很捨得花大錢去買一件名牌西裝，因爲他們認爲既然要穿，就得穿出樣子來。

他們對於把西裝當工作服的人，向來瞧不起，認爲縐巴巴的廉價西裝，給人一種頹唐的印象，既沒有品味，也沒有美感。

男人需要氣質，應該展現出瀟灑的味道。喜歡西裝的男人懂生活、重品質，同時也比較墨守成規。這樣的人能給上司和同事一種較穩重的印象，因此在事業上通常比較成功，也較容易得到女士的青睞。

按照一般的習慣，穿西裝就應該打領帶。

不言而喻，領帶是西裝不可缺少的良伴，一條合適的領帶，足以完整表現出一個人的風度和氣度。

事實上，領帶除了具有裝飾作用，還是時代潮流與個人個性的最好反映。

十九世紀，在藝術家當中，很流行展現出豐富情感的「大花」領帶，而現代的領帶則更加五花八門。生性靦腆的男人比較喜歡又短又小的領帶，至於年輕人則喜歡昂貴的名牌領帶。

愛用領帶點綴形象的男士，往往具有很強的活力，喜歡各種各樣的新潮款式。

一九八六年，時任法國總理的法比尤斯與前總理希拉克舉行一場選前電視辯論。輿論普遍認爲法比尤斯佔有明顯的優勢，因爲他的口才很好，又有比較豐富的經驗。可是最後，反倒是希拉克取得了勝利。

專家分析認爲，法比尤斯之所以吃敗仗，在於衣著上出了大問題。他在螢幕前穿的是淺灰色西裝，給人的感覺比較灰暗，不太有精神。此外，他的襯衣和領帶與西裝搭配不上，這就使形象大打折扣。

由此可見，領帶與衣服的搭配非常重要。

瞬間看穿對方的心理

經常繫領帶的男士一般比較注重細節，多能成大事，但可別拘謹過頭，給人呆板的印象。

不同服飾代表的不同個性

確實，牛仔裝已經成為正規服裝中的調味品。一旦男人穿上牛仔裝，奔放不羈的個性就會充分地顯示出來。

夾克，幾乎可說是男人的專利。

男人穿上夾克，的確可以以不變應萬變。細心觀察，會發現各種各樣的夾克，足以教人感到眼花撩亂。

正因爲夾克的樣式很多，可以滿足不同類型的男人，因此在男人的世界相當風行。年輕人、老年人都適合，年輕人穿上夾克，顯得很有活力，老年人穿上，則顯得神采奕奕。喜歡穿夾克的男人，沒有穿西裝的男人那樣拘謹，沒有穿中山裝的男人那樣嚴肅，也沒有穿牛仔裝的男人那樣自由。

穿夾克者，個性多自然樸實，自信且達觀。

休閒服本來是居家或節假日郊遊的便裝，現在已經成爲外出、上班、約會也可以穿的服裝了，特點是比較寬鬆、自在。

喜歡穿休閒服的男人，比較熱愛趕新潮，愛時髦，對於花樣翻新的休閒服可說情有獨鍾，無論在家還是外出，往往都穿同樣的服裝，以吻合自己悠閒的心理狀態。

穿休閒服的男人不如穿西裝的男人莊重，不如穿夾克的男人含蓄，不如穿牛仔褲的男人瀟灑，但這種服裝正足以表現他們隨意的個性與生活態度。

喜歡休閒裝的人喜愛追求浪漫、輕鬆的生活。堅信百年人生轉瞬即逝，倒不如輕鬆相對，笑談相迎。

這種人在辦公室裡總是不能安分守己，比較適合從事記者、教師、作家等職業。他們不大希望轟轟烈烈地過一生，只希望輕鬆度日，當一個「有閒階級」就好，信奉的人生信條是「別活得太累」。

但要注意一點，若是浪漫過了頭，脫離現實，那就不好了。

當今世界，牛仔服裝已經在很多地方流行。特別是在西方社會，上至總統、總理，下至一般百姓，乃至街頭的市井無賴，都對牛仔衣、牛仔褲特別鍾愛。

確實，牛仔裝已經成爲正規服裝中的調味品。

一旦男人穿上牛仔裝，奔放不羈的個性就會充分地顯示出來。穿牛仔裝不僅僅是時尚的象徵，更重要的是方便、好搭配。很多問題，或許男性不在乎，女性卻相當在乎。有不少妙齡女性對這樣的男人很感興趣。不管怎麼說，這樣的男人是自由主義者，追求時尚，不拘細節，這一點毫無疑問。

T恤現在已經走向世界了，很多人都喜歡穿。T恤明亮的色彩，鮮艷的圖案，大大小小的色塊組合，的確給人們的生活增添了不少樂趣。

喜歡穿T恤的男人多較豪放，對生活充滿了希望。

這種衣服本來是運動員的著裝，所以，穿上這種服裝，常常也會給人一種比較強健、活潑的感覺。有人統計過，時裝大師很多都是男性，而時裝的消費者則大部分是女性。這是很有趣的現象：大多數男性愛穿比較灰暗的衣服，五顏六色的服裝多半是爲女性所準備。

心理學家們對此進行分析，認爲很多男性不敢穿花襯衫，是在自己的心目中有這樣的刻板印象，認爲花襯衫不夠陽剛。事實卻正好與認知相反，現實生活中，喜歡穿花襯衫的人，多顯得陽剛氣十足。

這樣的人是不甘沉默的，常常標新立異，總想引起世人的注目。有很強的創造力，是非常典型的男子漢。他們一般不會隨波逐流，如果有一天，大多數男人都穿上了花襯衫，他們一定會馬上改穿素色的襯衫。

穿花襯衫的男人喜歡無拘無束，自由奔放的生活。他們往往聰明伶俐，卻常常被人誤解，認爲狂放不羈，不守規矩。

瞬間看穿對方的心理

可以說，喜歡穿著以上這些類型服裝的人，即使沒有運動員那樣的體魄，也多少會有運動員一般的心理特徵，比較隨性，相當有魅力。

用墨鏡隱藏心思

戴上墨鏡能把眼睛遮蓋起來，讓他人無法從看到瞳孔的變化，同時也隱藏自己的心思，顯得不好親近。

眼睛出了毛病就會戴眼鏡，這是很自然的事情，不過，透過眼鏡，往往還能夠看出一個人的個性。

有的人在與人說話的時候，總是將眼鏡戴上、摘下，又戴上。有些人甚至會有把一邊的眼鏡腳架靠近嘴邊或放進嘴裡的習慣，這些都是下意識的行爲。

戴眼鏡的人做這些動作，潛在的目的是爲了拖延時間，以便做出某個他們認爲重要的決定。如果一時拿不定把握，還會不斷地重複使用這個動作，下意識地掩飾自己的緊張情緒。

在討論會上，也常常會出現以下情況：當一個人被迫做出某種決定時，會藉重複同樣的動作拖延時間。

這種摘眼鏡、戴眼鏡的動作，有時會產生一種特殊效果：講話的時候將眼鏡摘下，聽別人講話的時候又將眼鏡戴上，不僅會給聽話的人較平易近人的感覺，也幫助自己把握住發言的主導權。

當自己摘下眼鏡的時候，對方不會搶話頭，而自己戴上眼鏡的時候，對方就可以毫無顧忌地按照原定想法發言。

過去，許多人認爲戴眼鏡者多半高傲、嚴肅，難以接近，其實不一定正確。

產生這種認定的原因，可能是因爲眼鏡本身。

眼鏡常常是讀書人的標誌，在有些人心目中，讀書人比較清高，所以把戴眼鏡的人與讀書人畫上等號。

另外，可以發現，越來越多人喜歡戴墨鏡。

戴上墨鏡能把眼睛遮蓋起來，讓他人無法從看到瞳孔的變化，同時也隱藏自己的心思，顯得不好親近。

鑑於這種情況，戴墨鏡的人與人交談的時候，應該主動把墨鏡取下來，以免造成不必要的障礙。

瞬間看穿對方的心理

俗話說「眼睛是靈魂之窗」，因此，隱藏眼睛的變化，與隱藏自己的內心世界沒有什麼區別。戴墨鏡的人，除了想要遮擋太陽光，最主要動機就是隱藏自己的心靈，希望與別人保持距離，藉以讓自己的內心世界獲得暫時的安寧。

抓住「穿」出來的個性

有的女性對時下流行的時裝不輕易動心，在她們看來，不如簡潔樸素好。這樣的女性，一般都比較有主見。

女人多飄逸、柔美、輕盈，而裙裝的流動和瀟灑，正好襯托出她們的嬌柔風韻。裙裝最能夠展示女性的氣質和風韻，讓男性迷戀。

愛穿裙裝的女人，多是稱職的妻子和母親，這樣的女人會用一雙溫柔的手把整個家收拾得井井有條，窗明几淨。被丈夫孩子揉縐了的襯衣和長褲，她們會在不聲不響中熨得平平整整。走到商店裡，她們會爲孩子挑選最時髦最合身的服裝，像是練就了獨特本領，能夠準確判斷出哪種服裝適合男孩，哪種服裝適合女孩。

在事業方面，這樣的女人一般發展都比較順利，其中一個重要因素就是男上司和男同事都喜歡欣賞女性的裙裝之美。事實如此，在很多男性看來，穿裙裝的女人不是趕時髦，而是在認認眞眞地把自己打扮成一個純粹的女人。

也有些女性對時下流行的時裝不輕易動心，無論是迷你裙或新潮髮式，在她們看來，都不如簡潔樸素好。這樣的女性，一般都比較有主見。

當今社會，有不少女人會想方設法趕時髦，用各種各樣的服飾裝點自己，以便讓自己成爲一個「現代人」。著裝簡樸的女性則不然，她們明白，趕時髦的人往往較盲目，根本不明白自己到底要向何處去。

著裝簡樸的女性，喜歡用清新自然的方式打扮自己，多半能得到上司和同事的信任。這類型女性不僅工作踏實，感情更是純潔。

瞬間看穿對方的心理

與時髦的女人相比，還是樸素的女性來得實在，值得細細品味。

藉妝扮肯定自己

女性喜歡化妝，這是毫無疑問的。但是觀察後發現，很多青春少女並不注重化妝，而特別注重化妝的，常常已經是半老徐娘。

從外表上看，有人的長相美，有人的長相不太好看。譬如高鼻子、雙眼皮是美的標準。但是對於東方女性來說，由於遺傳方面的因素，很多人是不合格的。

長相不好看該怎麼辦呢？

為了美的需要，有些女人不怕痛苦，不怕花錢，決定走上美容這條路。

一般來說，敢於選擇美容的女人，渴望生活得更美好，相信明天會更好。這樣的女人，身上必定展現出蓬勃的生氣。

可以說，敢於美容的女性是生活的強者。她們不吝於重新塑造自己，畢竟不管出於什麼目的，走進美容院，都是希望自己的外表獲得新生。

女性喜歡化妝，這是毫無疑問的。但是，觀察後我們會發現，很多青春少女並不注重化妝，而特別注重化妝的，常常已經是半老徐娘。這些女性化妝的目的，就是爲了讓青春常在。

這樣的女人對化妝品特別留意，一旦聽說有新產品上市，特別是據說可以讓「青春永駐」的化妝品，多半不吝惜花錢嘗試。

這樣的女人多半信心不足，企圖靠化妝品爲自己壯膽打氣。

不過要注意一點：愛美固然不是壞事，卻不能犧牲健康，千萬別因爲過度塗抹化妝品而弄壞了自己的皮膚與身體。

必定注意到一種現象：許多女性明明收入不高，卻硬是要想方設法買一、兩件比較貴重的首飾，帶在身上。

女人喜歡首飾，這沒有什麼了不起，愛美之心人皆有之。但有的女人滿身打扮得珠光寶氣，只要看到喜歡的首飾，即使節衣縮食也要買下來，這就值得商権了。

戴一枚結婚戒指，是對情愛的渴望，這的確是人之常情。但是，那些很看重首飾的女人，戴首飾的目的往往是向他人炫耀。很顯然，她們是希望用這些東西抬高自己的身價和地位，相當可悲。

瞬間看穿對方的心理

只要認真觀察一下就可以發現，佩戴越多首飾的女人，越缺乏自信。那些受到尊敬、享有盛名的專家、教授、政府官員等，身上很少配戴首飾，就是最好的證明。

愛美，讓世界更美

喜歡打扮的女性，形同於春天的象徵，五彩繽紛的衣服，就是美麗的花朵。沒有花朵自然不成春天，不懂打扮，就缺乏女性應有之美。

猶太人經商精明是世界聞名的，他們的賺錢第一訣竅，就是抓住「女人和嘴」。猶太人認爲，最能夠賺錢的生意，就是女人用的東西和吃的東西。常言說「人是樹椿，全靠衣裳」，這話非常有道理。女性之所以漂亮，之所以有魅力，化妝打扮功不可沒。

心理學家研究指出，女孩子從兩歲開始就懂得無休無止地美化自己。調查資料則表明，世界上最暢銷的商品，正是女性服裝和女用化妝品。

女性爲什麼要精心打扮自己呢？有人說是爲了她們鍾情的男性，有人說僅僅是爲了美麗。不管怎麼說，喜歡打扮的女性就像是春天盛開的花朵。愛美之心人皆有之，爭妍鬥豔也不失爲一種風景，不是嗎？

可能很多男性都對自己的妻子說過：「我之所以跟妳結婚，不是因爲妳穿戴漂亮，而是妳這個人吸引我。」可是，幾乎沒有一個女性會相信丈夫的話，照樣不遺餘力地打扮自己。

或許可以這樣說，女性之所以喜歡梳妝打扮，不僅僅是爲了男性，也是爲了整個社會。正因爲她們的精心努力，讓世界更顯五彩繽紛。

喜歡打扮的女性，形同於春天的象徵，五彩繽紛的衣服，就是美麗的花朵。沒有花朵自然不成春天，不懂打扮，就缺乏女性應有之美。

有一則笑話說，在酒杯邊打死的蒼蠅一定是雄性，在鏡子上打死的蒼蠅一定是雌性。這話的意思很清楚：男性喜歡吃喝，女性較注重穿著。

有人說，男人總是找不到服飾對自己的感覺，哪怕剛剛穿上一件名牌西服，也不會覺得有什麼特別，可能還會感到不自在。很多男人很難理解，爲什麼自己的妻子對什麼都省吃儉用，偏偏對買衣服慷慨大方無比？很多男人也很難理解，女人爲什麼這麼喜歡照鏡子？

女人需要藉衣裝打扮自己，首先得到肯定的地方就在鏡子裡。唯有在鏡子裡得到鼓勵後，她們才有信心並願意在別人面前展示自己。對女性來說，衣服的保暖實用度只能居第二，好看與否最重要。女人的衣服，就是她們的廣告。

男人走進名牌服裝店，常常會收腹挺胸，神氣十足，一副財大氣粗的樣子。而女人走進服裝店後，神情變化比男人更甚。

對那些貴得不近人情的名牌，常常會流連忘返，但在小攤上買衣服，則斤斤計較、針鋒相對，一丁點價格上的差異都不放過，這就是女人。

瞬間看穿對方的心理

追求名牌服裝，不僅僅是經濟實力的體現，也是對自身個性的反映。這樣的女人對生活充滿了希望，相當有活力，光芒四射，但也具有很強的依附性，撥去光鮮亮麗的外表，便感到茫然不知所措。

PART 5

從交際方式洞察事業命運

追求權力不得自然會痛苦，
得到了權力之後害怕丟失，同樣使人痛苦。
得到了高位，「高處不勝寒」，
孤獨自不必多言。

從交際方式洞察事業命運

追求權力不得自然會痛苦，得到了權力之後害怕丟失，同樣使人痛苦。得到了高位，「高處不勝寒」，孤獨自不必多言。

有的人交遊很廣泛，待人熱情，往往出手大方，因而有很多朋友，不少人對他們比較信任，並且常常有好感。這種人善於揣度別人的心思而投其所好，擅長跟各種不同個性者打交道，可謂八面玲瓏。

這樣的人做公關工作是再恰當不過的。當然，由於交遊廣闊，各種各樣的人裡面難免魚龍混雜，再加上他們行事較不重原則性，所以常常做出一些身不由己的事情來。代人受過、包庇罪犯者，往往就是這類人。

從心理學的角度來說，每個男人都不喜歡被人統治，而喜歡統治別人。但是很多男人不得不忍氣吞聲，老老實實地接受別人的統治。有強烈統治欲的男人，最突出的表現就是極強的好勝心。在他們的內心深處，認爲受別人指揮實在太痛苦，只有在別人面前比手劃腳，內心才會感到一絲優越、滿足。

這樣的男人，往往很難得到女性的眞正愛情，所以常常以奴役女性當作自己的樂趣。在他們的心目中，佔有金錢和權力是實實在在的，愛情這樣的字眼，不過是欺騙小孩子的把戲，在人生戰場上，根本沒有溫情脈脈的愛情可言。

這樣的人可能手下有不少打手，但是內心仍無比孤獨、痛苦。追求權力不得自然會痛苦，得到了權力之後害怕丟失，同樣使人痛苦。得到了高位，一個人高高在上，「高處不勝寒」，孤獨自不必多言，內心永遠得不到安寧。

瞬間看穿對方的心理

有統治欲的男人往往會為了達到統治別人的目的，不惜一切代價，用盡各種各樣的辦法，但往往正是這樣的人，才有辦法不斷高升，飛黃騰達。

過度重視虛名，無助於培養自信

重視虛名的人無疑很令人討厭，可是他們可能具備相當好的背景，所以仍有不少人甘願吹捧他們。

有的男人很看重名譽和地位，但不是透過自己的努力去獲得，只追求外在聲望。用「有名無實」來評價這樣的人，相當合適。

毋庸諱言，鮮花、美酒、掌聲和歡呼，是每個人都希望得到的，但是看重虛名的人對這些看得太重，把它們當成了自己生存的目標和唯一希望。

他們的生存是爲了別人的歡呼，對自己缺乏應有的信心，必須藉別人的眼光以證明自己的存在。如果有一天沒有了這樣的場面，他們就會感到很不舒服，心中產生一股莫名的憤怒和空虛。

這種人其實是在自欺欺人，所作所爲完全是盲人摸象，經常以偏概全，把一點點微不足道的東西說成是了不起的大事。這種人的心理防線是用傲慢構築起來的，需要的除了奉承，還是奉承。誰要是不奉承他們，就是他們的敵人。

這種人其實相當愚蠢。當然，正因爲生活中有這樣的人，才產生出一個又一個的馬屁精，這一點值得人們注意。

由於喜歡自吹自擂，生怕人家不知道，重視虛名的人無疑很令人討厭。可是他們可能具備相當好的背景，所以仍有不少人甘願吹捧他們，當然，這類吹捧全屬於口是心非，沒有半點眞心誠意在內。

瞬間看穿對方的心理

在女性的眼中看來，這種男人相當不成熟，只要聽見別人一句誇獎的話，就輕飄飄地像是要飛上天去，最缺乏的就是自知之明。

陳腐固執，不是好事

有的人接到他人遞過來的名片，常常會一邊看，一邊注意對方的眼睛。這種人的警惕性很強，觀察力相當敏銳。

有的人喜歡把自己侷限在很小的圈子裡，與其他人只有工作上的交往，很少有私交。他們辦事的時候，先要分出公事還是私事，只有屬於公事，才採取行動，如果屬於私事，他們就不會參與其中。

這種人對他人的態度很冷淡，沉默寡言，別人很難讓他開心。與這樣的人建立良好的關係需要花很大的力氣，很難給人信任安全感。事實上，這種人不是沒有情感，而是他們的表達比較遲鈍，不會揣測對方的心理需求。

這種人對生活很隨便，給人一種懶懶散散的印象。對一般人在意的事情可以一點也不在意，如煙蒂從煙缸裡掉到地上，一般人都會撿起來，他們卻視若無睹；超過了規定的時間，普通人都會著急，心裡感到抱歉，他們卻若無其事，好像與自己沒有關係似的。除此以外，他們常常會忘記自己與他人的承諾或約定，經常反悔。從外表來看，他們工作起來好像很賣命，其實效率非常低，缺乏開拓的能力和勇氣，最終很難達到什麼成就。

對這種人，如果人品還過得去，可以叫他們辦一些力所能及的事情。如果人品很差，那麼最好不要輕意任用、親近，以免造成不必要的損失與困擾。

此外，有的人接到他人遞過來的名片，常常會一邊看，一邊注意對方的眼睛。這種人的警惕性很強，觀察力相當敏銳，屬於「無事不登三寶殿」者。

他們很喜歡表態，常常會明確的說「是」或「不是」。只要覺得有賺頭，馬上就會回答「是」，如果覺得無利可圖，就會馬上說「不」。即使對方不斷勸說，也不會輕意改變主意。

這種人有很強的實踐力，想好了就會立即付諸行動，是標準的自我中心者，只要不合自己的意願，就會感到很不高興。由於他們有很強的實踐力，所以，不會固守在一個空間，總在四處活動，想撈一些好處。這種人的朋友不會很多，他們從來不會亂花錢。對世俗的奉承，他們向來不在意。

與這種人交往，花言巧語的作用不大，除非拿出實實在在的東西，否則他們不會相信。最初五分鐘的談話，對這種人來說是至關重要，只要說服了他們，他們就會馬上去做自己已經答應的事情。

他們對事情考慮得比較周到，要辦的事，常常已經在大腦裡「預演」多次。因此，要說服這種人，給他們看實證，效果往往比單純藉語言交流好得多。

也有些人，無論做什麼事情，總想發號施令，一旦沒有這樣的機會，他們就會覺得很不舒服，心裡相當難受。在各種各樣的集會上，總是千方百計地講話、插話，希望取得支配地位。這種人，以男性爲多。

還有些人，常常去參加會議，並且積極地發言，把自己的觀點推銷給與會者。這種支配型人物，從初次見面就可以看出來。譬如他們會在名片上印著一大堆頭銜，有時還會使用很大的字體。無論對什麼人，都不很客氣，往往有些隨便。一旦得到講話的機會，就會一個人滔滔不絕地講個沒完沒了，不讓別人有說話的機會。一般來說，他們非但不大聽從他人的意見，還會設法強迫他人接受自己的意見。

這樣的人，就是典型的支配型人物。他們總有一種錯覺，認爲只要自己的一句話，問題就會馬上解決。在集會上，總不斷搶先發言，把自己的意見灌輸給別人，並且希望所有人都按照自己的意見去做。他們根本不在乎別人的反應，只要自己能夠當上主角就行。

他們之所以這樣，在於重視功名利祿，有很強的成名成家的內在衝動。與這樣的人交往，應該充分地滿足他們的支配欲望，讓他們感到滿足。

瞬間看穿對方的心理

這幾類人最大的缺點就是不會接受他人的正確建議，不會集思廣益，錯過不少本來可以取得成功的機會。對這樣的人應該巧妙地加以控制，因勢利導，讓他們做有利於社會的事情，而不是製造亂子。

看穿女性的不同面相

在強烈的日光下，女性會受到壓抑，而在時明時暗的燈光下，她們就會感到很放鬆，將自我釋放出來。

常言說：男人統治世界，女人統治男人。因此，在古今中外的歷史上，有的女人就採用這種方法統治了世界，武則天就是其中之一。

聰明的女性會用才華、柔情去征服男性。具統治欲的女性會用自己的手腕首先征服男人的心，然後才像指揮奴僕一樣，讓他們去完成自己想做卻做不了的事情。比較笨的女性常常用媚笑、肉體去勾引男人，讓男人替她們做見不得人的事情。有統治欲的女性則不僅要征服所有的男人，甚至還要征服女人。這樣的女人，最討厭聽見別人嘴裡說出「不」字。

權力欲望極強的女性，最常用用間接的方式去統治男人。在結婚之前，她們的未婚夫常常是手下的幹將，爲她們衝鋒陷陣。但是，結婚以後，她們就堅決反對丈夫參與自己的事情。這樣的女人，會採取的補救方法，是在床上好好地侍候丈夫。這時候，她們常常是半推半就，從來不會主動發起攻勢，可一旦行動起來，又會表現得如癡如醉。她們往往不會讓男人過分逞強，自己可以隻手遮天，丈夫只能服服貼貼聽從一切。

很多資料說明，這樣的女人喜歡的是具有自卑心理的男人，只有面對這種男人，她們的內心世界才會得到滿足。這種女性很善於心計，不僅要面對強大的男人世界，還要對付支撐著半邊天的女性世界。

有的女性白天在男性面前比較羞澀，而到了晚上卻很喜歡跳舞，相當開放，似乎完全變成了另外一個人。在夜色的掩蓋下，演繹出很多故事。

很多研究資料表明，會有如此差異，正是朦朧夜色的作用。

夜色朦朧給了這種女性一種安全的感覺，月光的照射，會讓女性興奮起來。

在強烈的日光下，大多數的女性會受到壓抑，而在時明時暗的燈光下，她們就會感到很放鬆，將自我釋放出來。

在白天的時候，她們要與男性鬥智鬥勇，而到了晚上，她們會希望自己更具女性該有的味道。在白天，她們是以眼睛去觀察人，而到了晚上，她們透過感覺去體味人。這種心態表現，正是尋找自我的眞實寫照。

她們在尋求解脫，找回女人味，企圖在這樣的場所找到自己心目中的白馬王子。在這種女人身上，常常會發生一見鍾情的事情。

善於跳舞的女性個性開朗，一般都比較長與交際，在生活中也很有進取心。如果經過細心地選擇，常常會找到如意郎君。

瞬間看穿對方的心理

不同性格的女人展露不同的面貌，聰明的女人要懂得用才華和柔情征服男人。身為女性，應該加強自己的個人修養，得到貴人相助，使前途更廣闊。

從眼光與小動作裡抓住秘密

人們要成為好朋友，就需要互相瞭解。自我袒露就是把自己內心的秘密告訴別人，使別人瞭解自己，從而成為自己的「知己」。

上級與下級討論工作的時候，一般來說，上級的視線必定會從高處發出，很自然地直接投射下來；而作爲下級，即使沒有做錯事，視線卻常常都是由下而上，甚至還顯得軟弱無力。究其原因，在於職位高的人總是希望保持威嚴。

研究視線移開的情況，有助於摸清一個人的個性。

一般認爲，初次見面的時候，率先移開視線者個性多較爲主動。另外，在談話過程中，一個人是否能站在上風，從最初的三十秒就可以決定。也就是說，當雙方視線接觸的時候，率先移開目光的人就是勝利者。

相反，因爲對方移開視線而耿耿於懷的人，就可能胡思亂想，以爲對方嫌棄自己，或者與自己談不來。因此，在無形中對視線更加介意，完全受對方的牽制。

初次見面就不集中視線的人，屬於標準的「挑戰型」，與這樣的人談話，應該特別小心應付。不過，同樣是撇開視線的行爲，如果是在受人注意的時候才把視線移開，又另當別論了。一般而言，一個人心中有愧疚，或有所隱瞞時，就會產生這種現象。

專家告訴我們：人們要成爲好朋友，就需要互相瞭解。自我袒露就是把自己內心的秘密告訴別人，使別人瞭解自己，從而成爲自己的「知己」。

爲什麼「暴露」我們自己的某些秘密，可以獲得別人的好感，從而拉近自己與別人的關係呢？這是因爲資訊分爲兩個部分：開放區域和秘密區域。

開放區域所包括的資訊是人所共知的，諸如自己的姓名、性別、興趣、籍貫、外貌等。這個區域的大小，常常取決於自己的知名度等方面因素。且又常常因人、因時、因事等而有所不同。

另一個區域是秘密區域。我們每個人都擁有很多屬於自己的秘密，這些秘密是一筆「寶貴」的財富，透過向別人暴露，可以獲得別人的信任，找到知己。

我們在何種程度上向別人表露自己的秘密，取決於他人與自己的親密程度。兩者的關係很好，相互之間很瞭解，就是所謂的知己。

爲了改善人與人之間的關係，人們經常通過把一些秘密主動袒露給對方，以擴大自己的資訊開放區域。一般來說，自我開放的區域越大，與人的關係就能得到越明顯的改善。當然，把自己的秘密向別人開放，不能不看對象，否則可能帶來不良的後果。開放秘密是爲了打好人際關係，所以不能無的放矢，亂放一通。

瞬間看穿對方的心理

當發現有人向自己暴露秘密，不要忘記了這是對方表示友好的信號。當然，也要注意對方的誠意，避免被假情報蒙蔽、欺騙。

練就「城府」，對未來大有幫助

> 城府深的人思維不是十分敏捷，但是善於抓住重要的資訊，並且對這些資訊給予高度的重視，最終把握事物的本質和關鍵，獲得成功。

一個人有沒有心計，不是天生的，主要是後天形成的，所以俗話說：「山中有直樹，世上無直人。」

很多情況表明，人年輕的時候，常常有熱情、有抱負，血氣方剛，以天下爲己任。他們認爲，天下沒有辦不到的事情。這是由於他們的社會閱歷比較淺，因此個性直率，一心希望當一個坦坦蕩蕩的人。

可是，隨著時間的推移，見的事情多了，碰壁多了，漸漸地，心裡面可以裝得了事情，不像早年那樣橫衝直撞，做事會越來越懂得三思而後行。

在這樣的時候，他們遇事就會多加考慮，相機而動，不魯莽，不粗心，不聲張，沉得住氣、容得下人。他們的城府，就是這樣慢慢地變得深起來的。

這樣的人常常具有比較強的耐心，做起事來，一般會表現得不慌不忙，給人一種胸有成竹的感覺。他們對一個問題大多能深思熟慮，所以能夠想出比別人更好的辦法，因而取得成功。

這樣的人多半能夠成就大事。他們的思維不是十分敏捷，但是善於抓住重要的資訊，並且對這些資訊給予高度的重視，最終把握事物的本質和關鍵，獲得成功。

瞬間看穿對方的心理

在職場社會中生存，想要得到一定的成績，擁有適當的「城府」是必要的。可以說，這是一種保護自己的方式。

男女抽煙心態大不同

男性抽煙是因為他們喜歡香煙，女性抽煙則是因為她們厭惡香煙；男性抽煙是出自於自身的需要，女性抽煙卻是做給別人看。

抽煙是有害的。很多研究顯示，抽煙有百害而無一利。美國把抽煙稱爲「二十世紀的鼠疫」，毫無疑問的，抽煙是一種慢性自殺行爲。

煙草的化學成分十分複雜，光是有毒物質就多達二十多種。除了衆所周知的尼古丁之外，煙草裡還含有一氧化碳、煙焦油、芳香化合物等等，這些都是具有很大危害性的致癌物質。抽煙的時候，煙霧中的有毒物質和有害氣體高達七百五十種以上，濃度十分驚人。美國科學工作者在一家充滿煙氣的酒店裡進行測試，空氣中的有害物質竟然比平常的地點高出十倍。

吸煙的危害數不勝數，最近德國醫學專家的研究證明，常年吸煙的人腦組織常常會出現不同程度的萎縮，容易罹患老年癡呆症。研究更近一步顯示，長期吸煙可能引起腦動脈硬化，時間一久就會導致大腦供血不足，神經細胞變性，繼而萎縮。

而且吸煙和飲酒是很難分家的，科學家最近發現，吸煙者的酒量比不吸煙者大。美國德克薩斯大學健康科學中心的研究人員透過對動物的實驗發現，香煙中的尼古丁可以明顯降低血液中的酒精濃度。專家認爲，嗜酒者追求的是酒後醉醺醺的效果，但由於尼古丁降低了血液中的酒精濃度，抽煙的嗜酒者不能很快得到這種感覺，所以就會喝下更多酒。

尼古丁雖然能夠降低酒精濃度，卻不能同樣地減少酒精分解時產生的乙醛，致使乙醛對大腦以及肝臟、心臟和其他器官產生更大的傷害。

我們不主張吸煙，因爲吸煙不僅危害自己，還會汙染環境，危害他人。但仍然有許多人無視於這些危害，選擇繼續吞雲吐霧。聰明的觀察者就能夠藉此機會，在他人吞雲吐霧的同時，窺探他人的內心世界。

・男性愛抽煙——懷舊心理

有的男人很愛抽煙，我們經常聽到「飯後一根煙，快活似神仙」這句話。有的男人原本煙抽得不多，但是一段時間之後，煙一根接著一根抽，他們發現有時候需要藉著吸煙的方式排解心中的鬱悶。於是他們把煙作爲盾牌，抵禦外界的煩擾，沉溺於煙霧之中難以自拔。這種排遣悶氣的方式不可取。常言所謂「藉酒澆愁愁更愁」，事實上，以煙消愁最終也是「愁上加愁」。

心理學家研究認爲，有煙癮的男人多半是弱者。所以，吸煙成癮的男性應該儘量少抽煙，從沉默中走出來，回到正常的現實生活當中。

・女性愛抽煙——好勝心強

好抽煙的女性很有野心，好勝心極強，性情比較孤僻，總是希望在別人的心目中獲得一種鶴立雞群的「英雄」形象。

抽煙的女性與抽煙的男性具有不同的潛在意義。男性抽煙或許是爲了展現男性的風采，或是爲了應酬等等；女性抽煙則往往是希望帶給別人一種與衆不同的印象，展現自己的魅力。事實上，這種行爲是不可能達到目的的。愛抽煙的女性是在逃避孤獨和寂寞。

有趣的是，男性抽煙是因爲他們喜歡香煙，女性抽煙則是因爲她們厭惡香煙；男性抽煙是出自於自身的需要，女性抽煙卻是做給別人看。

男性十之八九很難把煙戒掉，但女性一旦發現抽煙會爲自己帶來很大危害時，通常都會很快與煙草「恩斷義絕」。

在事業上，愛抽煙的女性可能會比較順利，但在家庭生活方面就很難說了。在男性的心目中，抽煙的女性玩世不恭，孤芳自賞。因此，男人會與抽煙的女性交朋友，和她們做情人，但通常不會與這樣的女性論及婚嫁。

瞬間看穿對方的心理

吸煙不僅危害自己，還會汙染環境，危害他人。但仍然有許多人無視於這些危害，選擇繼續吞雲吐霧。聰明的觀察者就能夠藉此機會，在他人吞雲吐霧的同時，窺探他人的內心世界。

從抽煙動作看性格

抵著嘴抽煙的人缺乏工作上的主動性和足夠的創造性，但為人處世卻很有城府。這種人的猜忌心很強，不會輕易暴露自己的真實想法。

抽煙的人有個人獨特的手勢動作，能夠看出那個人的性格特質。

・從不抖煙灰——懶散

有些喜歡抽煙的人，養成了煙灰很長也不抖掉的習慣。這種人大都比較懶散，思考的問題往往比較膚淺，很難進行深入的研究。

他們大多缺乏信心，通常身體狀況不太好，具有比較強的自卑心理。如果這種狀況只發生在開會或工作時，這樣的人往往是工作狂，要多注意身體健康狀況。

抽煙時不抖煙灰的人做事情非常大而化之，他們抽煙的時候，不管煙頭還在冒著煙，就把它隨手丟進煙灰缸裡。

所以，研究發現，這種人可以做一些小事，很難成功地完成一項較爲重大的任務。

改變這種狀況最好的方法就是積極思考，勤奮努力，養成良好的習慣，儘量少吸煙，如此不用很長的時間就可以讓整個人煥然一新。

• 叼著煙工作——自信

有的人抽煙的時候會把頭微微地向上昂，用嘴角來抽煙。

這種人對自己的工作充滿信心，比較執著，有可能成爲某一方面的專家。但是由於自視過高，通常與同事的關係處理得不夠好，有時還會發生糾紛導致失敗。

不過這樣的人不會服輸，面對困難時會產生更大的勇氣，如果他們能夠堅持到底，突破重重難關，最後往往會取得成功，因此這樣的人一般都會成爲勝利者。他們的前途光明，很有可能成爲高級管理人員。

是否有信心，從抽煙的姿勢就可以看出來。

叼著煙工作的人如果不是十分地玩世不恭，就是相當有自信，如果還習慣瞇著眼抽煙，那麼必然是對自己的能力極爲有自信，爲人也比較成熟老練。這種人希望自己的能力獲得別人的肯定，否則就會產生強烈的反抗，或是消極負面的情緒。

除此以外，這種自信心很強的人還有一種動作，就是拇指頂著下巴抽煙。他們喜歡伸直拇指頂住下巴，顯出一副悠閒的姿態，並給人一種陽剛的印象。這種人必須要充分認識自己，揚長避短，以營造良好的人際環境。

・抿著嘴抽煙——深沉

有的人抽煙的時候喜歡抿著下唇，顯得不慌不忙的樣子。這樣的人不會引人注目，個性比較穩定。他們辦事通常不會採取轟轟烈烈的動作，所以成功的機率很大。

他們成功的基本方法是穩紮穩打，從來不做需要冒很大風險的事情。在一個單位或部門裡，前一兩年可能做不了什麼讓人刮目相看的事情，但一段時間之後，他們就會慢慢地得到上司的信賴和重視，獲得發揮才能的機會。

一般來說，抿著嘴抽煙的人缺乏工作上的主動性和足夠的創造性，但爲人處世卻很有城府。

這種人的猜忌心很強，不會輕易暴露自己的眞實想法。

這種人準備做什麼事情，常常都會經過反覆考慮，但由於對事情的思考時間過長，往往坐失良機。「三思而後行」固然可取，但若是顧慮過多，反而會阻礙前進的步伐，消磨奮進的信心。

・用力壓滅煙頭——不滿現狀

有人滅煙頭的方法很特別，他們會很快地用力壓滅正在冒煙的煙頭，就像有什麼急事等著要辦似的。

一般來說，這類人的精力很充沛，做起事來往往不會半途而廢，工作態度很積極，往往也能獲得上司的信任。但是，他們不會處理自己的欲望與現實之間的關係，因此常常會覺得自己懷才不遇，常常感到焦躁不安。

這種人應該注意克制各種非分之想，不斷改變自己做事情的方法，試著提高工作效率，比如學著在煙灰缸裡慢慢地把煙頭壓滅，經常做一些需要耐心才能完成的事情，時間久了，就會形成平和的心態，辦事效率就會有所提升。

• 口水經常弄濕煙頭——個性急躁

有些人的性子很急，就是我們常說的「一口就想吃掉一個胖子」。

這種人在抽煙上的小動作，是恨不得一口氣把一根煙抽完，就像餓極了的人見到食物一樣，甚至把煙頭都弄濕了，嚴重的甚至會使煙熄滅。

這種人容易憤怒，性子很急。他們有時表現得很貪心，有時又表現得好惡分明。這種人常常會參與各個領域的事情，好像什麼事情都能做。由於他們的執著，獲得成功的可能性會不斷增大，但也經常由於過分急躁而使事情功敗垂成。

• 滅煙頭動作很輕——優柔寡斷

有的人是這樣熄滅煙頭的：輕輕地敲打煙蒂，直到煙頭慢慢被熄滅。這種人的個性和緩，做起事來比較慎重，對人的態度比較溫和，很注意對方的言談舉止。

他們最明顯的特徵，就是不會很好地表達自己的意見和建議，無論做什麼事情常常都會猶豫再三，舉棋不定。因爲他們思考問題比較深入，也許在熄滅煙頭的時候就是在思考問題也說不定。

這種人具有一定程度的領導才能，因爲他們考慮問題比較全面，但是要特別注意培養果斷能力，不要給人留下沒有魄力的印象。

這種人如果工作多年仍然沒有得到提拔，除了其他的原因之外，最重要的原因就是上司認爲他沒有魄力，辦事不夠果斷。

其實，他們只是沒有表現出來而已，並不像外人認爲得那麼不果斷。這種人要訓練自己在縱觀全局之後快速做出決斷，切忌思前顧後，錯失良機。

• 用水澆滅煙蒂——作風嚴謹

有的人膽子很小，把煙頭丟在煙灰缸裡還擔心煙頭不熄滅，所以總是要用水澆熄煙蒂。

這種人通常屬於神經質、操勞型的人。他們的膽子很小，一整天都小心翼翼，如果早上和老婆小吵了一架，也許一天都不安寧。

應該注意的是，無論做什麼事情，既要心細，也要膽大，不要整天患得患失。很多事情都沒有自己想像的那麼複雜或可怕，不要總是膽顫心驚。

瞬間看穿對方的心理

不抖煙灰的人懶散、抿嘴抽煙的人城府極深、個性急躁的人經常弄濕煙頭……，抽煙、捻煙的小動作裡，也藏有大大的性格玄機。

從喝酒看清你的朋友

在酒桌上，如果你仔細觀察，會發現每個人端酒杯的姿勢都不盡相同，從端酒杯的姿勢可以看到一個人的個性。

飲酒是很多人都很喜歡的事情，詩仙李白曾經有「將進酒，杯莫停」的豪言壯語，因此後人就有「李白斗酒詩百篇」的傳說。

李時珍在《本草綱目》中曾經說過：「少飲酒提神，多飲酒傷身。」這裡所說的「酒傷身」，主要是說酒精中毒。

研究證明，大量酒精進入人體之後，就會隨著血液進入大腦，從而使大腦受到傷害，大腦的功能就會紊亂。

隨著血液中酒精濃度的增加，一個人會面紅耳赤，頭腦發昏，意識朦朧，言語不清。久而久之，身體就會受到損害。

可是社會交際中，喝酒確實是一個比較重要的方式，所謂「無酒不成禮」，所以有的人就大聲喧嚷「捨命陪君子」。

在酒桌上，如果你仔細觀察，會發現每個人端酒杯的姿勢都不盡相同，從端酒杯的姿勢可以看到一個人的個性。

有的男性喝酒時，喜歡緊攥酒杯，用拇指壓住杯口，這種人個性外向，具有較強的進攻性，願意與人交往，經常扮演活絡氣氛的角色，成爲大家關注的人物，屬於豪爽型的人。

有的男性喜歡把整個酒杯緊緊握在手掌裡，這種人比較有主見，在酒桌上並不急於進攻，常常是後發制人，當別人都喝得差不多的時候，才開始發動攻勢。生活中，這種人很有個性，經常不聲不響，但心中有數，什麼時候該做什麼，什麼時候不該做什麼，總是能夠把握得很好。

有的男性用兩隻手抓住酒杯，給人一種擔心酒杯落地的感覺，這種人個性比較內向，不善言辭，爲人比較謙恭，在喝酒時始終處於被動狀態，別人不端酒杯，就很少主動敬酒，在別人舉杯相賀的時候，經常一個人悶悶地坐著，給在座的人留下滿腹心事的印象。這種人屬於沉思型，平時喜歡一個人靜靜地思考問題。

有的男性經常用手捂住酒杯，喝酒時，往往會做一些小動作，不是偷樑換柱，將礦泉水倒入酒杯，就是喝一半倒一半。這種人比較善於僞裝，常常給人以捉摸不透的感覺，在捂住酒杯的同時，也就捂住了自己的內心世界。

女性在這方面與男性稍微不同，她們經常是爲了應酬或禮節喝酒，端酒杯的動作也體現出各自的個性。

有的女性喜歡將酒杯平放在手掌上，這種女性個性外露，屬於興奮型的人。她們活潑開朗，聰明伶俐，常常一邊說話，一邊吃東西，十分健談。說話時娓娓而談，妙語橫生，給人一種很機靈的印象。

有的女性在飲酒時，喜歡用手握住高腳杯的下面，食指伸得很長。這種人城府較深，對金錢、地位、勢力有很大的欲望，善於隨機應變，見風轉舵，是比較標準的「勢利眼」。

有的女性喜歡一邊玩弄酒杯一邊吃東西，喝酒時顯得漫不經心。這種女性整天爲各種各樣的瑣事纏身，根本沒有精力和時間去思考大事，經常會因爲日子過得舒心而安於現狀，缺少成名的內在衝動，也不大會成爲傑出的人物。

有的女性習慣用一隻手緊緊地握住酒杯，另一隻手有意無意地在酒杯邊緣上撫摸。這樣的女性內心細膩，比較善於思考，不容易衝動，更不會感情用事，對事情的處理一般比較冷靜，很有分寸。

有的女性或將酒杯緊緊地握在手中，或將酒杯放在大腿上，這種人較爲隨和，是很好的聽眾，無論做什麼事情，都顯得比較穩重，善於聽取別人的意見，待人接物十分得體，給人比較高雅的印象。

瞬間看穿對方的心理

飲酒的是是非非，是一言難盡的，有好處，也有壞處。端起酒杯，能看到一個人的秘密；喝下美酒，會發現一個人的個性。

藉酒精改變自己的個性

有的人很喜歡狂飲，最重要的目的就是為了改變自己的個性。希望透過大口地喝酒，證明自己與過去不同。

懦弱的人總是想變得勇敢一些，沉默寡言的人也不希望自己終生是「悶葫蘆」，在某些特定的場合，希望改變自己的人，可以藉著喝酒做出令人吃驚的事情。喝酒的時候，由於處於一種較爲放鬆的狀態，平日無法流露的眞情，也就隨著酒場的自由氛圍而體現出來。

有的人很喜歡狂飲，不管是什麼酒、多大的酒杯，都會一飲而盡，好像喝酒對他們來說是很大的樂趣。他們之所以狂飲，其實有很多用意，最重要的目的，就是爲了改變自己的個性。

也就是說，他們希望透過大口地喝酒，證明自己與過去不同，在心理上感覺到自己的個性已經發生了變化，從而達到改變的目的。

這種人不是因爲愛好喝酒而喝酒，而是「醉翁之意不在酒」，是渴望改變自己的個性而喝酒。具有這樣的喝酒習慣的人，對酒的選擇比較嚴格，一旦認爲某一種酒最能滿足自己的心理需求，他就會偏愛這種酒，其他酒再好也不會多看一眼。其實，並不是這種酒在他們的感覺中有一種特別的滋味，主要是一種心理上的作用，每次喝這種酒的時候，心裡就會產生愉悅的感覺。

從這裡我們就可以知道，特別喜好某一種酒的人，個性明顯與一般人不同。

瞬間看穿對方的心理

單純的外在行為並不能真正地改變自己，只有真正認識自己的缺點，並在日常生活的接人待物中逐漸改變原有性格中的不足之處，才是正法。

瘋狂飲酒僅是一種暫時逃避現實的方式。

愛喝白酒的人善於社交

愛喝白酒的人對社交活動很感興趣，同時具有很強的同情心，善於調和各種矛盾，經常扮演好好先生的角色。

對大多數華人而言，喜歡喝白酒幾乎成了一種習慣。如果在飯菜擺到桌子上的時候沒有白酒，他們就會覺得少了什麼東西，儘管飯菜很香，也會覺得索然無味。這種人對社交活動很感興趣，同時具有很強的同情心，善於調和各種矛盾，經常扮演好好先生的角色。

一般而言，他們的耳根子很軟，很容易受對方的影響，不管對方說的正確與否，總是頻頻點頭，表示贊同。

他們喜歡聽別人的奉承，但聽不出奉承的眞實含義，當別人恭維一番後提出不合情理的要求時，很多時候都無法拒絕。很多人在酒桌上辦了平時不願意辦的事情，就是礙於這種情面。

愛喝白酒的人往往善於社交，很喜歡女性，對見到的任何女性都表現得特別親切。他們還同情弱者，願意爲弱者伸張正義，即使因此遭到失敗，也在所不惜。在工作場合中，由於他們經常持與人爲善的觀點，比較關心部屬，所以部下也很擁護他們。但是他們不善處理自己與上司的關係，因而很難得到上司的信賴。

愛喝白酒的人有一個明顯的特點，就是爲了獲得他人的認同，他們會以極大的耐心，去做一些自己很難做到的事情。

瞬間看穿對方的心理

愛喝白酒的人總認為只有喝酒才能廣交朋友，因此交來的朋友多半只有在酒桌上稱兄道弟。他們不知道，很多酒肉朋友是靠不住的。

愛喝黃酒的人有自信心

愛喝黃酒的人比較理智而有自信心，不管在什麼情況下，他們都不會因喝酒說出胡話，更不會做出失態的舉動來。

喝酒的人有兩種，一種人是見酒就饞，見酒就喝，不需任何藉口，每天都可以喝上幾盅；另一種人是喝酒必有理由，從不喝沒有目的的酒。

那些喜歡喝白酒的男人，常常是嗜酒如命。至於那些愛喝黃酒的男人，對酒的愛好卻很有分寸。

愛喝黃酒的人對喝酒這件事很講究，喜歡在極不相同的環境裡喝酒，總是追求情趣。比如，在高朋滿座的場合，他們興致很高，常常會把整杯的黃酒一口吞下去；而在夜深人靜，獨自一人的時候，他們往往獨斟自飲，慢慢品味。

這種人很會把握尺度，從不被酒所迷惑，借酒發瘋或爛醉如泥是喝酒者常有的事，但一般不會在他們的身上出現。

即使在酒酣耳熱、不勝酒力的時候，他們也能保持清醒，不管在什麼情況下，他們都不會因喝酒說出胡話，更不會做出失態的舉動來。在酒意濃濃之中，他們也不會忘記自己和他人所說的話，記住每個人的一舉一動。

這種人比較理智，也比較自信，無論做什麼事情都深思熟慮，儘量做到恰如其分，所以常常能獲得成功。

他們很善於抓住時機，經常伺機而動，在生意場上使對手措手不及。他們精明、果斷、沉著、冷靜，常常令對手佩服得五體投地。

愛喝黃酒的人比較理智而且有自信心，總是「別人皆醉我獨醒」，這樣的對手才是眞正的對手。

由於他們很自信，所以做事往往與衆不同，經常蔑視常規。這種人不大相信那些成說定論，總能從新的角度去思考問題，在很多事情的處理上，常常會下一些一般人認爲的險棋。

可能正是因爲獨出心裁，經常會取得比別人更好的成績，在同輩人的競爭中，常常能戰勝眾多高手，成爲脫穎而出的佼佼者。

很多上司都願意把棘手的事情交給他們去辦，他們也總是不負眾望，多半都能取得預期的效果。

瞬間看穿對方的心理

愛喝黃酒的人的出色表現常常會遭人嫉妒，每次獲得成功總會被流言包圍。他們的個性與他們愛喝的黃酒一樣，有時轟轟烈烈，引人注目；有時又冷冷清清，被人遺忘。這也應了「有一利，必有一弊」的古語。

愛喝啤酒的人心情常保愉快

喝啤酒是心情愉快的一種表現，很多人會透過喝白酒達到「藉酒澆愁」的目的，而不是用幾瓶無法讓人麻醉的啤酒去擺脫煩惱。

高興的時候要喝酒，悲傷的時候也要喝酒。對多數人而言，高興也好，悲傷也罷，不管是什麼酒，只要能滿足心理需求即可。至於什麼時候喝白酒，什麼時候喝啤酒，什麼時候喝紅酒，很多人都不在意。

但是，從美國社會學家的調查可以看出，喝啤酒是心情愉快的一種表現，悲傷和苦悶的時候，啤酒就會讓位給白酒。很多人會透過喝白酒以達到「藉酒澆愁」的目的，而不是用幾瓶無法讓人麻醉的啤酒去擺脫煩惱。

約會的時候，喝啤酒的男士通常是想表現出最自然、最原始的自己，女士切不可認爲對方沒有男子氣。

與這樣的男士交往，女士比較安全。因爲喝白酒往往會使男士控制不住自己，做出一些令雙方都十分尷尬的事。喝啤酒則不同，對「海量」的男士而言，喝了超過白酒量二到三倍的啤酒，也不會失態。

與女士約會時，喝啤酒的男士常常勸同行的女士也喝啤酒，目的是希望對方與自己有同樣的好心情，期待進行愉快的交談。這樣的行爲既不會給人矯揉造作的感覺，也不會讓人覺得自己是在高攀對方。

瞬間看穿對方的心理

有的人喜歡特定品牌的啤酒，表現出一種特有的傾向。有的人在選擇啤酒的時候，比較注重公司和產地等，這已超出飲酒娛樂的範疇。其實，不同的啤酒味道都差不多，之所以挑選特定的酒，最主要還是心理因素。

愛喝雞尾酒的人值得信賴

喜歡喝雞尾酒的人不會爛醉如泥。喝雞尾酒多半是為了調節氣氛，在他們的酒杯裡，往往注入很多情調。

時常酩酊大醉的人都喜歡喝白酒，十個醉漢裡，至少有九個是喝白酒的。雖然喝白酒的人不一定都會醉，但愛喝白酒的人都有狂飲的習慣。

如果一個人長期狂飲白酒，喝醉肯定是常有的事。對一個經常醉酒的人來說，最大的後果就是很難得到別人的信賴。

相反地，喜歡喝雞尾酒的人一般都不會狂飲，更不會爛醉如泥。喝雞尾酒多半是爲了調節氣氛，而不是僅僅爲了喝酒，在他們的酒杯裡，往往注入很多情調。

在龐大的雞尾酒「酒友」中，絕大多數人對酒的要求並不嚴格，只是把酒當作溝通感情、聯絡友誼的工具。

喜歡喝辣味雞尾酒的人，一般都具有男性氣質，責任感都比較強。在工作中，他們熱情很高，能夠充分發揮自己的作用，勇於創新，深得同事的信賴。這種人爲人誠實，不張揚、不虛僞，行爲舉止得體，分寸把握得較好。

喜歡喝甜味雞尾酒的人一般不喝白酒，除非是在萬般無奈的情況下。這種人喝雞尾酒，常常有很多考慮，其中最常見的是爲了與女性找到共同的話題，透過雞尾酒接近女性，從而達到與「美人」共飲的目的。

瞬間看穿對方的心理

愛喝雞尾酒的人不一定會喝酒，但卻經常把雞尾酒當作營造良好氣氛的工具，這就像不會吸煙的人為吸煙的人遞煙一樣。在女性面前，禮貌性地喝上一口雞尾酒，往往會給對方留下良好的印象。

愛喝威士忌的人心胸寬廣

喜歡喝威士忌的人願意做一番轟轟烈烈的事業，敢於冒險，不願意被人束縛，天生叛逆個性，敢於挑戰權威。

愛喝酒的人總有自己鍾情的酒，至於爲什麼和別人不同，喝酒者的解釋都是這樣：這個酒好喝。至於爲什麼愛喝，他們常常會支支吾吾地告訴你：反正是好喝，別的理由不重要。

其實，喝酒與每個人的個性有很大的關係。有的人很喜歡喝威士忌，喝這種酒的人具有比較強的適應能力，容易融入群體，能夠充分地採納他人的意見。

在多數情況下，他們很希望到社會上去闖蕩，不願意安於現狀，無論能力如何，條件是否具備，都天天盼望能夠出人頭地。在生活中，他們渴望賺大錢，渴望得到上司的青睞。總之，這種人的欲望很多。

這種人對女士很講禮貌，很願意接近女性，並且常常表現得很親密。他們比較主動，能明確地表達自己的意思。

由於喝威士忌的方式方法不同，在個性方面便展現出不同的差別：

・稀釋的威士忌

有的人喜歡喝經過稀釋的威士忌，如果擺在面前的威士忌未經稀釋，他們寧可選擇不喝。這樣的人很願意與人交往，總希望把自己的想法充分地傳達給他人，不管在什麼情況下，都能適應環境，一般都能與很多人有良好的關係。

・加了冰塊的威士忌

有的人在喝威士忌的時候，喜歡在裡面加冰塊。

這種人不善言辭，語言表達能力往往比較差，常常言不由衷，詞不達意，不能用準確的語言表達自己的意思。他們比較在意周圍人的議論，缺乏主見，人云亦云，因此常常被他人的意見所左右。

但這樣的人在工作場合的人緣很好，常常發展得很順利，往往平步青雲。

他們最大的長處是會掩飾自己的情緒，不將喜怒哀樂寫在臉上。

有的人喜歡喝威士忌的原因是覺得威士忌夠勁。這種人願意做一番轟轟烈烈的事業，敢於冒險，富有開拓精神，不喜歡條條框框，不願意被人束縛，天生叛逆個性，敢於挑戰權威。

瞬間看穿對方的心理

喜歡喝威士忌的人富有很強的創造力和正義感，不同流合污。從表面看，這種人比較冷淡，不太熱情，特別是對女性。但是，實際上這種人的內心卻常常是溫柔而熱烈的。

別 用 負 面 的 心 情 ， 看 待 負 面 的 事

別用負面的心情，看待負面的事情

凌越 編著

作家喬治．桑曾說：

瞋怒的心情，經常會使小過變成大禍，讓自己從有理變成無理

確實如此，千萬不要用負面的心情，去看待負面的事情。
無論面對多麼讓你憤怒、沮喪的事情，都必須切記，先將自己的心情處理妥當以後，再去處理事情，
千萬別讓負面的情緒影響自己所做的任何判斷或決定，才不會事後懊悔不已。
為人處事最糟糕的狀況莫過於用情緒做決定，產生負面情緒之時，
不妨靜下心來用寬闊的心胸來看待，
如此才能從生活和工作中，看到開闊的前景。

哈伯德曾說：「最大的快樂，並不是你得到什麼東西，而是在於你放下什麼東西。」
雖然獲得夢寐以求的東西，會讓你快樂，但是快樂過後，伴隨而來的可能是害怕這個東西會失去的擔憂，
放下偏頗的想法，才能自在活在當下
放下就是快樂
全集
千江月——編著
拉斯曾說：「人的名利虛榮到頭來不過是一場空。」
實，我們愛名譽，並不是為了榮譽，而是為了它所帶來的名利，
利雖然可以為我們帶來短暫的歡愉，卻無法為我們帶來永遠的快樂，
此，只有學會放下，才能讓我們 自在快樂地活在當下。

莎士比亞曾經寫道：
一個人可以儘管滿臉都是笑，骨子裡卻是殺人的奸賊。
的確，在這個「詐者生存」的時代裡，有些人為了達到自己的目的，
往往會在臉上戴著菩薩的面具，但心裡卻盤算著幹出魔鬼的勾當。

社會上的詭計到處都是，利用人心弱點所設下的陷阱和騙術，更是五花八門；
很多時候，表面上對你越客氣、越有禮貌的人，在骨子裡越可能暗藏著算計你的卑鄙行徑。

王照——編著

教你不再上當受騙的防詐守則

把人看到骨子裡 全集

瞬間看穿對方的心理

作　　者　陶　然
社　　長　陳維都
藝術總監　黃聖文
編輯總監　王　凌
出 版 者　普天出版家族有限公司
新北市汐止區康寧街 169 巷 25 號 6 樓
TEL / (02) 26921935 (代表號)
FAX / (02) 26959332
E-mail：popular.press@msa.hinet.net
http://www.popu.com.tw/
郵政劃撥 19091443 陳維都帳戶
總 經 銷　旭昇圖書有限公司
新北市中和區中山路二段 352 號 2F
TEL / (02) 22451480 (代表號)
FAX / (02) 22451479
E-mail：s1686688@ms31.hinet.net
法律顧問　西華律師事務所・黃憲男律師
電腦排版　巨新電腦排版有限公司
印製裝訂　久裕印刷事業有限公司
出 版 日　2019 (民 108) 年 4 月第 1 版
ISBN◉978-986-389-598-5　　條碼 9789863895985

國家圖書館出版品預行編目資料

瞬間看穿對方的心理 /
陶然著.—第 1 版.—：新北市,普天出版
民 108.4 面； 公分. - (溝通大師；44)
ISBN◉978-986-389-598-5 (平裝)

溝通大師
44

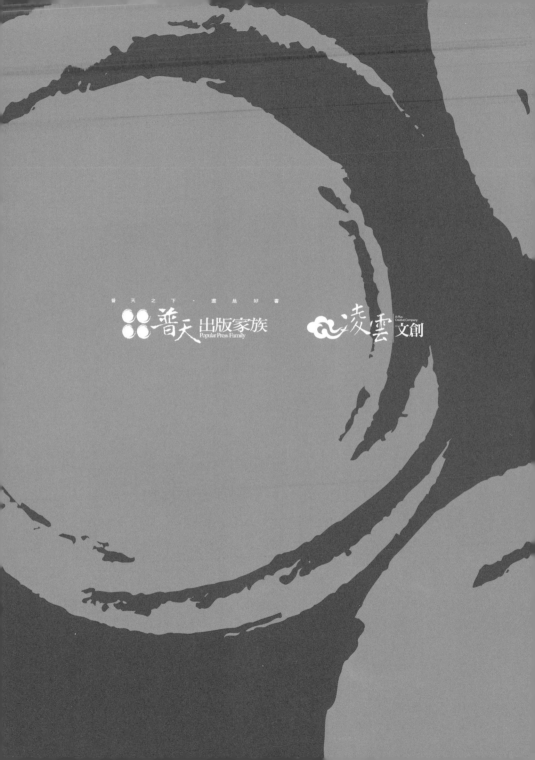